完全版
ローマ人への質問

塩野七生

文春新書

1411

本書は、『ローマ人への20の質問』（文春新書、二〇〇〇年刊）を全面的に改稿したものである。

読者に（西暦二〇〇〇年、平成一二年、初版時）

目的は一つであっても、手段ならば複数存在しようと許されるし、そのほうが自然であると思う。ここ十年近く私の心を占めてきた、しかもあと七年間は保持しなければならない「目標」とは、古代のローマ人を理解するという一事につきる。そして、それは『ローマ人の物語』と題した連作で現実化しつつあるのだが、『ローマ人の物語』で採用した「手段」とは、言ってみれば、ローマ人の世界に表玄関から入っていくやり方であった。

一方、ここで試みようとしているのは、ローマ人の世界に入るという「目標」は同じでも、それへのアプローチならば、庭から入っていくとしてもよいようなもの。

とはいえ、他人の家を訪れるのだから、声をかけて入るくらいは礼儀である。そして相手はローマ人である以上、声をかけるのも、彼らの言語であったラテン語でやるべきだろう。

「今日《こんにち》は、入ってもいいですか？」

「Salve, intrare possum?」（サルベ、イントラーレ・ポッスム？）

ちなみに「サルベ」とは、ラテン語のままで二千年後の現代イタリア語としても生きのびている言葉の一つで、「Ciao」よりは少しばかり知的な挨拶用語という感じで使われている。小学生同士なら「チャオ」だが、大学生間となると「サルベ」に変わるという具合。聴覚をローマ風に改めたのだから、視覚もそれに準ずるべきではなかろうか。つまり、ローマ人の家に表玄関から入るのと庭から入っていくのとではどうちがうかも、事前に知っておくと便利かと思う。

それで古代のローマ人の家なるものだが、彼らは、アパート式でない一戸建ての住宅は「ドムス」（Domus）と呼んでいた。そのドムスでも都市内の一戸建て住宅のプロトタイプを求めれば、次のような感じになるかと思う。

「サルベ、入ってもいいですか」と言いながら邸内に足を踏み入れたあなたの眼前に展開する光景も、玄関から入るならば重々しい表情のこの家の先祖たちの彫像、庭から入るならば、現世を謳歌する神々や女子供を模した愉しくも愛らしい彫像の数々、というふうに。残るは、あなたの声を耳にしたローマ人が姿を現わすのを待つだけである。

ローマ市内の一戸建てのプロトタイプ

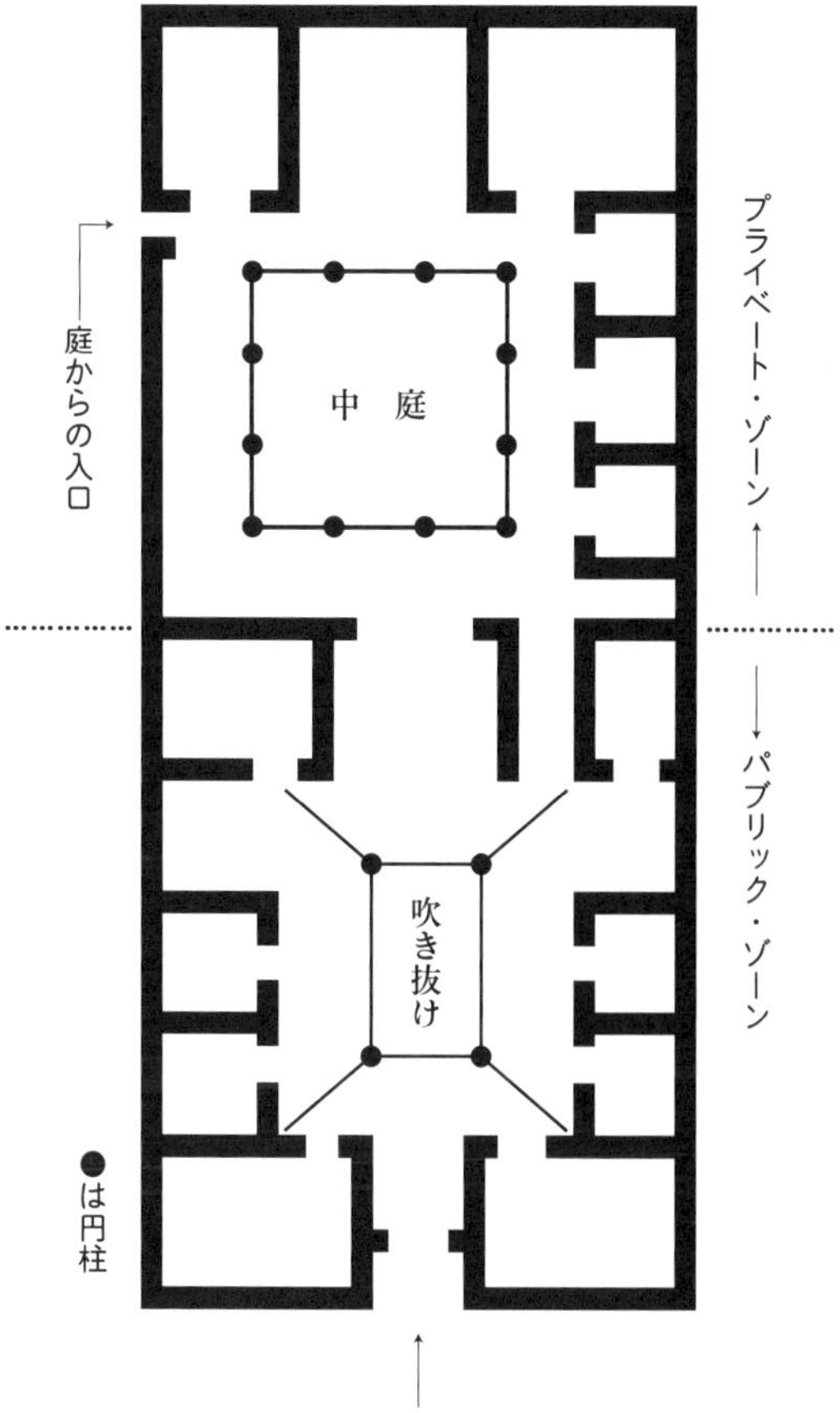

読者に（初刊行から二十年余りが過ぎた二〇二三年になって、改訂版を出す気になった理由について）

五十年以上も作家業をつづけてきて痛感しているのは、学者と作家の本質的なちがいは何か、ということである。

ちがいの第一は、人間という存在への好奇心の強弱。

第二は、何が書かれているか、と、それらがどう書かれているか、に投入される関心の強弱。作家が命を削るのは、どう書くか、のほうなのである。

二十年以上も昔に出版した『ローマ人への20の質問』は、何が書かれているか、に関してならば、改めるべきことは一つもないし、つけ加えることもない。しかし、どう書かれているか、になると、作者である私には不満は無くもない。

なぜなら、あれを書いた当時の私は、十五年を費やして書くと決めた『ローマ人の物語』の執筆の真最中（全十五巻のうち第九巻を準備中）で、年に一巻ずつ刊行するという読者への約束を果すのに全力を集中していた日々の連続。他の仕事までする余裕などはなかった時期である。それが、気の合った編集者の誘いに乗ってしまった結果出来たのが『ローマ人への20の質問』。何をとりあげたか、には自信はある。しかし、その一つ一つをどう書いたか、となると、少々なおざりにしたという想いは、その後もずっと抱いていたのだった。

改訂版は、その辺りを改めただけである。だから、何が書かれているか、にしか関心がない人は、何もわざわざ改訂版を買い求めることはない。なにしろ、改訂版を出したいと思った理由の最たるものは、死んだ後に恥ずかしい作品を残したくない、につきるのだから。

＊

真夏のローマの午後くらい、人通りも少なく静かな時間もない。家人たちも暑さを避けて郊外の山荘に行っていて、家に残っている人がいたとしても、公務があって首都を留守にできない男くらい。

その日も、典型的なローマの夏の午後だった。そのローマの一つの家の扉を押した私は、「サルベ、入ってもいいですか」と言ったはよいが、そこで立ち止まってしまう。その私の眼の中に、中庭をめぐる円柱の一つに背をもたせた姿で立っている、一人の男が入ってきた。

年の頃は、四十代半ばというところか。これより始まる「対話」というか「インタビュー」は、古代のローマに迷いこんでしまった現代に生きる私と、暇をもてあましていたらしいそのローマ人との間で交わされた、正直で率直な対話の一部始終である。

完全版　ローマ人への質問◎目次

質問1

ローマは軍事的にはギリシアを征服したが、文化的には征服されたとはほんとうか？

「ローマはギリシアを軍事的政治的に征服したが、文化では逆に征服されたと言われていますが、ほんとうですか」

「ほんとうですね。表面にあらわれた現象を見るかぎりでは、まったくの真実だ」

「具体的にはどのように？」

「紀元前三世紀から紀元後一世紀にかけてのほぼ三百年間、元老院階級と呼ばれていたローマの指導者層が子弟の教育を託していた家庭教師は、ギリシア人の独占市場と言ってよかった。この現象は、ローマがギリシアを完全に支配下に置いた、つまり属州化した紀元前二世紀以降もまったく変わっていない。

　ローマの指導者予備軍は、ギリシア人の教師から、当時の国際語であったギリシア語、観察力と認識力を養う哲学と論理学、話すにせよ書くにせよ、より効果的に伝達するのに必要な修辞学、先人の智恵の集積をわがものにするには欠かせない歴史、そして調和の感覚を養うに有益な数学と音楽までも学ぶのが、エリート教育とされていたからだ」

「なぜですか、ローマ人は勝者でギリシア人は敗者なのに。後世になって言われるように、これもまた、ローマ人がギリシア文化に劣等感をいだいていたからでしょうか」

「それへの答えは、ある意味ではイエス、他の意味ならばノー、とするしかない。まず第一に、紀元前一世紀までは確実に、ラテン語よりはギリシア語のほうが、言語としての完成度では断じて先行していたという事情がある。言語の完成度とは、国語審議会のような公的機関によって成るのではなく、幾人かの創作家がそれぞれの分野で見事な作品を遺すことによって確立されるものだから。

ローマが興隆の道を突き進んでいた紀元前から紀元後にかけての時代、人類史上にすばらしい業績を遺したギリシア文明は、すでに輝きを失っていた。ということは、それまでに創造された詩文、戯曲、哲学、歴史、建築、美術から法廷での弁論に至るまで、見事なまでに完成したギリシア文化があふれていたということだ。

そしてそれらを、尊重する想いをもって受け容れるか、それとも、敗者の業績ならば何にかぎらず破棄するか。ローマ人は前者のやり方を採用したのです」

「作品を尊重する気持はわかります。しかし、使用言語までギリシア語併用を変えなかったローマ人は、やはりギリシア人に劣等感をいだいていたのか、と……」

「ローマ人の言語であるラテン語も、紀元前一世紀にもなると、戯曲ではテレンティウスやプラウトゥス、詩のカトゥルス、散文ではキケロにカエサルと輩出した結果、言語としてはギリシア語に劣らない完成度に達していた。

言語の成熟とは、複雑で繊細な想いでも表現可能な構文と語彙《ごい》をもつということだから、紀元前一世紀以降のローマ人は、理論的には、ギリシア語の助けを借りる必要はなくなっていたということになる。

しかし、それでもローマ人は、ギリシア人にラテン語習得を強いるよりも、自分たちがギリシア語を学ぶ方針を変えなかった。理由は、二つあげられる。

第一は、文章を表現手段に選んだ作品ならば、その真髄に迫る最善の方法は、何と言おうが原語で読むことにあるという理由。ローマ時代には驚くくらいに、ギリシア語作品のラテン語訳が少ない。一応の高等教育を修めたローマ人ならば、全員がギリシア語を解したからです。ローマ時代の公立図書館のすべては、ラテン語とギリシア語の書物を二分して収める分室構造になっていたほど。

第二は、実利的な理由にあった。アレクサンダー大王が樹立したヘレニズム世界、大王の死後には東地中海世界にかぎられてしまうが、その東地中海世界では、征服者がギリシア人のアレクサンダーであったことから支配者階級もギリシア系が占め、いきおい使用言語もギリシア語が支配的になっていた。それにギリシア民族の優秀さは政治や文化にかぎらず、航海術から交易に至るまでの広い分野でも発揮されていたので、ギリシア語は地中海世界では、社会生活のあらゆる面にも浸透していたのだ。

これが現実では、たとえ敗者の言語であろうと、ギリシア語を排除してラテン語習得を強いるのは賢明なやり方だろうか。ローマ人は、地中海世界全域の覇者になって以後も、自分たちの言語を強制するよりも、これまでのように自分たちのほうがバイリンガルでありつづける道を選んだのです。そしてこの状態は、ローマ帝国が滅亡するまで変わらなかった。

ぼくならば、ローマ人のギリシア文化尊重の傾向は、彼らの劣等感ではなく、ローマ人の特質でもあった、人種的偏見などは見られない開放性と、多人種多民族多宗教多文化によってなる普遍帝国の統治には欠かせない、優れた支配感覚の証しとさえ考えますね。

ローマが滅亡してから一千年が過ぎたルネサンス時代の政治思想家のマキアヴェッリも、次のように言ったという。ある事業が成功をつづけていけるか否かは、その事業に参加する全員が、それぞれの考えによる利益を取得しつづけられるか否かにかかっている、と。

ローマ人の最も優れた資質をあげよと言われれば、ぼくならば迷うことなく、自分たちローマ人だけですべてをやろうとしなかった点にある、と断言するだろう。政治と軍事と

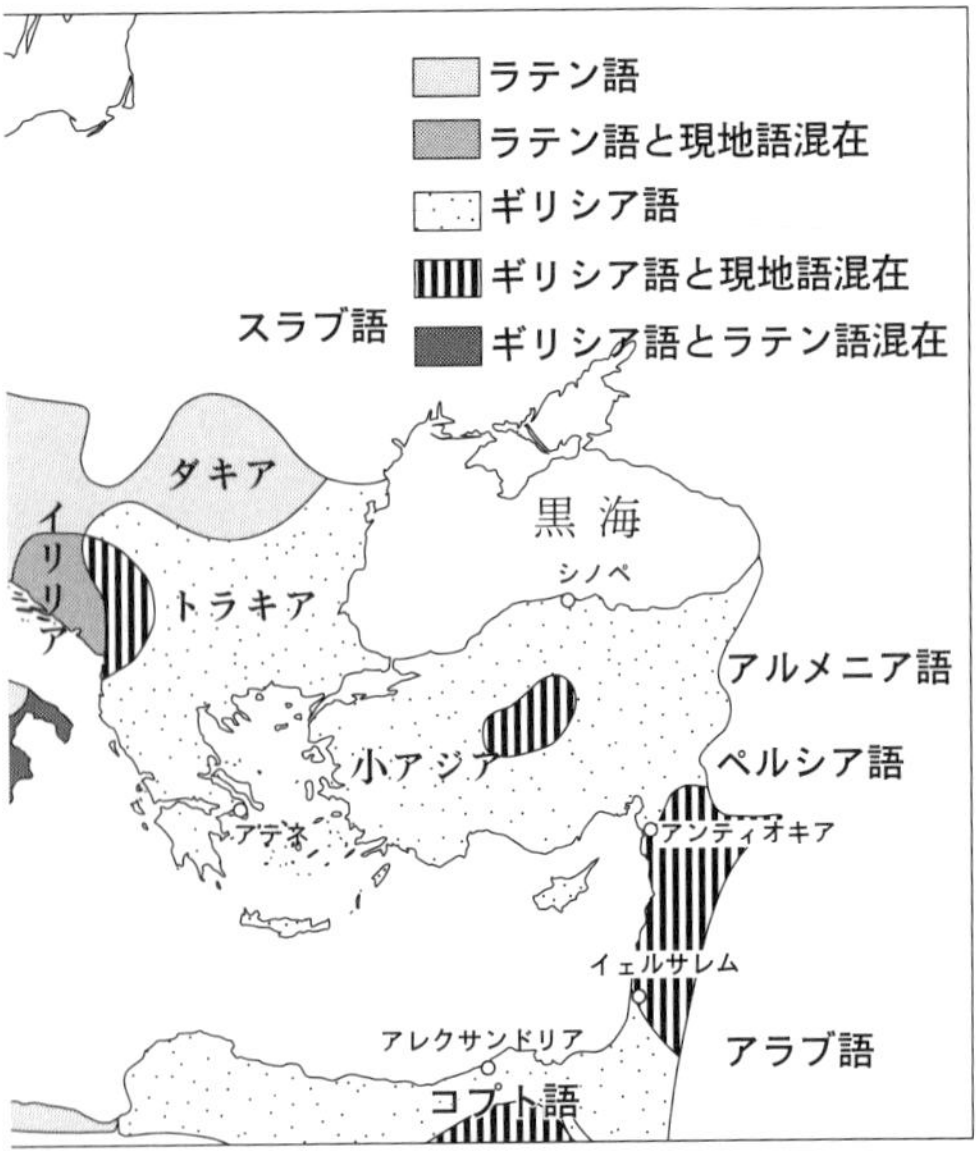

国家規模の経済政策とインフラ整備は自分たちの任務としながらも、それ以外のすべては被支配者たちにまかせたのがローマ人だった。

その理由を現実の統治面で求めれば、まず第一に、それぞれの分野で得意な人にまかせたほうが、帝国運営上は効率が良いこと。

第二は、たとえ敗者であろうと、生存の理由と喜びと人間社会に必要な仕事と、それにふさわしい報酬を与えるほうが、支配していく過程でも有効であること。

ローマ人が〈パクス・ロマーナ〉（ローマによる平和）を確立し、

ローマ時代の言語圏

その維持にも成功できたのは、国外の敵に対しての防衛に成功しただけが原因ではない。国内の敵に変わりうる被支配者たち、きみが生きている時代の言葉で言えば少数民族が、敵にまわらないようにしたからでもある」

「しかし、ローマの要人たちのギリシア文化への傾倒は、支配者が被支配者に対してのものだけに異様としか言いようがない、という意見もありますよ。また、スキピオ以来のローマ人のギリシアかぶれが、ローマの衰退の原因の一つになった、と断ずる人もいます」
「カルタゴの名将ハンニバルを破り、第二次ポエニ戦役をローマの逆転勝利にもっていったスキピオ・アフリカヌスのギリシア文化好きは、政敵の大カトーがスキピオ攻撃の材料にしたくらいだから知られていた。しかし、〈スキピオのサークル〉と呼ばれていた、そして養孫のスキピオ・エミリアヌスに引き継がれていったこのグループは、ギリシア人のみを優遇したのではない。敗者ということならば同じだった、カルタゴ生れの人にも開かれていたのだから。

　ギリシア人の代表例は、国破れてローマに人質として送られてきていたポリビオス。この人は後年、初めてのローマ史を書くことになる。また、カルタゴ生れの人の名はテレンティウス・アフロ。こちらのほうは、後にキケロやカエサルが絶賛する喜劇作家として、ラテン文学史を飾ることになる。

　そして、スキピオ・アフリカヌスが生きた時代は紀元前三世紀から二世紀にかけてだが、ローマが滅亡するのは紀元後五世紀になってからだ。ギリシアかぶれ現象から国家衰亡までに、七百年が過ぎている。それでもなお、ローマ人のギリシアかぶれをローマ衰退の要因であったとすることは可能だろうか。

他民族の文化に心魅かれる人はいつの世にも存在するし、唯我独尊でなかった状態自体が、精神上の活力の証明でもある。それに民族の滅亡とは、このようなことよりもよほど深刻な要因で起るものですよ。

また、後代に生きる現代人の立場に立てば、文化的にはギリシア人の〈支配〉を容認した、ローマ人の度量の深さに感謝すべきではないか。なぜなら、ローマ人が、ギリシア時代につくられた原作に可能なかぎり似せようという一念で模造してくれたおかげで、古典時代からヘレニズム時代にかけてのギリシアの造形美術の傑作の少なくない数が、後の代にまで遺ることができたからだ。

コピーの制作とはいっても、型に流しこめば済むブロンズばかりではない。大理石像の模作の場合は彫刻していくのだから、模作者であっても相応の技能が求められる。そのうえローマ人は、アーチの下には彫像を置かないと気が済まない民族でもあったから、おびただしい数の彫像の需要があったということでもある。

あれほどの量と質の需要は、ギリシア人の協力なしには実現しなかったろう。また、歴史には、勝者の無知と傲慢による大量破壊の史実が跡を絶たない。ローマ史でも、キリスト教が勝利して以後は、どれほどの数の作品が破壊されたか、どれほどの数の彫像が、た

コロッセウム
アーチごとに彫像が置かれていた
（ローマ文明博物館）

とえ生き残ったにしろ、鼻をそがれた無惨な姿をさらしているかを思い起してほしい。

ユリウス・カエサルも、言っている。

——ローマ人は、他民族から学ぶことを拒絶する傲慢は持ち合わせていない。良いと思えば、たとえそれが敵のものであろうと、拒否するよりは模倣するほうを選んできた——、と。

ローマは、ギリシアを征服したが文化ではギリシアに征服された（Graecia capta ferum victorem cepit）とは、紀元一世紀のローマの詩人ホラティウスの言葉です。ローマ人がローマを批判しているのだから正しいというわけで、後世の人々によるローマ批判の旗印のようになってしまったが、ホラティウスは、初代皇帝アウグストゥス時代に生きた人だ。ローマ人が、自分たちが打ち立てた世界秩序である〈パクス・ロマーナ〉に絶対の自信をもっていた時代の詩人です。しかもこの詩人は、アウグストゥスと同じ時代に生きた人というだけではない。初代皇帝とは、実に親しい間柄でもあったのだった。

アウグストゥスには、右腕と左腕といってもよい協力者が二人いた。一人は軍事とインフラ面を担当していたアグリッパで、もう一人は、外交と文化広報を担当したマエケナス。このマエケナスは、詩人のヴェルギリウスとホラティウスのパトロンであったことのほうで歴史上に名が遺っている人で、文化の保護と育成の代名詞でもある〈メセナ〉の創始者とされている。マエケナスをフランス語読みにすると、メセナになるのだから。

皇帝アウグストゥスは、政務の暇にはよく親友マエケナスの邸宅を訪れたといわれている。そのマエケナスが皇帝の疲れを癒《いや》すために設けた宴席には、ヴェルギリウスやホラティウスも招かれていたという。しかもアウグストゥスは、解放奴隷の息子という低い生れのホラティウスを、嫌うどころか重用した。ローマの歴史のすばらしさを人々に認識させる目的で彼がはじめた〈世紀祝祭〉のテーマ・ミュージックの作詞を、依頼しているほどです。この種の事情を頭におけば、次のような場面さえも想像可能ではないだろうか。

皇帝を主賓に迎えたマエケナス邸の夕食の席で、詩人ホラティウスが声をあげる。ギリシアを征服したローマなのに、文化的にはかえってギリシアに征服されましたね、と。それに、列席の人々からも、いやあまったく、とでもいう声があがる。口数の多くない皇帝アウグストゥスも、苦笑気味の微笑を浮かべることで賛意を示す。

ローマは軍事的にはギリシアを征服したが、文化的にはギリシアに征服されたというホラティウスの一句が、ぼくには、ローマ人の劣等感の証明というよりも、彼らの自信と余裕の証明に思えてならないのは、以上のような事情を考慮したうえでもあるのです」

質問2　ローマ人の諸悪なるものについて

「次のように書かれた、後世の人の書いた歴史書を読んだことがあります。
――ローマ文明は帝政時代に入るや一段と爛熟《らんじゅく》し、社会全般が言葉では表わしきれない様相を呈してくる。戦争、スペクタクル嗜好《しこう》、貪欲、贅沢、美食、浪費、堕落、買収、快楽、退廃、暴力、殺人、離婚、等々。ローマ帝国の滅亡は、これら諸悪の総決算であって、避けようのない当然の帰結とするしかない。――

この評価は正しいのか、それゆえに信じてよいのでしょうか」

「これを書いた人はローマ史研究者なんだろうが、人類全般の歴史に想いを馳せたことがあるのかと思うと笑ってしまうね。

キリスト教が勝利してから一千七百年、ローマ帝国が崩壊してからも一千五百年が過ぎている現代、人類はこの悪のうちの一つでも、過去のものにすることができたろうか」

だが私は、あえて反論を試みた。

「しかし、なにやらローマ時代には、これら諸悪も隠れて行われたのではなくて、大手を振ってまかり通っていたような印象を受けます。雑誌などで見る古代都市ポンペイの特集でも、快楽の都市ポンペイ、と銘打つのが一般化しているのですから」

ポンペイの遺跡とヴェスヴィオ火山

（写真＝アフロ）

「娼家とその内部の壁面に描かれたリアリスティックな性交図程度で快楽の民と刻印を押されてしまうのでは、紀元七九年のヴェスヴィオ火山の噴火で死んだポンペイの住民が気の毒というもの。

　仮に地震か何かで日本中が崩壊して埋もれてしまい、百年後に新宿の歌舞伎町周辺だけが発掘されたとしよう。それを眼にした人は、セックス産業の興隆に驚きあきれる。そして思うだろう。百年前の日本人は、セックスしか頭になかった人々なのか、と」

「でも、火のないところに煙は立たないと言いますよ。ローマ人が、これらの悪徳に無縁であったわけでもないでしょう」

「もちろん、人間の歴史のすべてが集結したのがローマの歴史だと、ドイツの文豪ゲーテに言わせたくらいのローマ人だから、諸悪のほうも健在であったにはちがいない。

　しかし、古代のギリシア人やローマ人が最高の〈徳〉と考えていたのは、〈根絶〉ではなくて〈節度〉のほうなのだ。言い換えれば、悪の根絶を目指すのではなく、悪との節度ある共存。ソクラテスもペリクレスも、カエサルもアウグストゥスも、葡萄酒を飲まなかったのではない。酔っ払わなかっただけなのだ。

　つまり、バランス感覚によってコントロールすることにさえ成功すれば、諸悪の根絶などという人間の本性を無視した偽善に訴えなくても、ホモ・サピエンス・サピエンスである人間の生活は成り立つ。バランス感覚を目覚めさせる必要はあるとは言っても、ユダヤ教徒やキリスト教徒にとっては宗教で律するこの分野は、ローマ人の場合は法で律していたのだから。ゆえにローマ法では、〈根絶〉は殺人などの極悪に対してだけで、他の諸悪はゆるやかな〈規制〉ということになる」

「そのように微温的な対処では、モラルはいっこうに向上しないのでは？」

「個人のモラルの向上が重要か、それとも、人間社会が適度に機能していくことのほうが重要か。これもまた、バランス感覚の問題です。自分の考えることだけが正義と信じた人々が行ってきた悪業の数々を思い出したまえ。こちらの悪こそが根絶さるべきであるのに、残念にも人類はいまだにそれに成功していない。この大悪に比べれば、右にあげられた諸悪などは節度の概念でコントロール可能であり、また、その程度で収めておいたほうが、狂信的な善人の横行を許さないためにも得策だ」

「しかし、ローマ帝国も結局は、あなたの言う小悪によって衰退したのではないですか」

「五賢帝の最後のマルクス・アウレリウス帝の死を境にローマ帝国は衰退の坂を下りはじめたとする、ギボンのローマ史観にはぼくも同感だ。しかし、諸悪がローマの衰退の要因だという説を容れるならば、紀元一八〇年のマルクス・アウレリウス帝の死の前後から、諸悪はエスカレートする一方になっていなければならない。それなのに、キリスト教史観やマルクス史観からようやく解放された感じの現代の若い研究者たちの間からは、紀元一世紀のローマ人よりも紀元二世紀のローマ人のほうが、倫理的には優れていたという考察さえ出されているではないか。それでいながら、衰退は止められなかった。ならば衰退の要因は、心の退廃以外のところに探すしかないのでは？」

「ではそれは、どこにあるのですか」

「人間の心の内奥《ないおう》に。そして、たとえ悪徳であろうと、それを行うには相応のエネルギーが必要だ。エネルギーなりバイタリティの低下ということも、歴史の内奥をのぞきこむ際には忘れてはならないことだと思う。

快楽しか追求しなかった堕落の民と断罪されているポンペイの住人は、娼家に出入りし残忍な剣闘士試合に熱中する人々ではあった。だがその一方で、日々の労働の成果である農産物や海産物を地中海全域に輸出していた、活力に満ちた生活者でもあった。この人々があらゆる面で人生を謳歌していた時代は、四百年後に訪れる帝国の滅亡などは誰一人想像さえもしていなかった紀元一世紀後半。ローマの皇帝中、最悪ということになっている、皇帝ネロの時代でもあったのですよ」

質問3　都市と地方の関係について

「古代ローマにおける都市と地方のちがいについて、質問させてください。
ローマ帝国では、政治、経済、行政にかぎらず、学芸文化の分野でも舞台は都市にあると考えられ、ローマ人の本質的生活は都市にしかないとされていたということですが、この都市に比べ、地方は二次的な意味しかなかったということでしょうか」

「きみのように、現に生きている二十一世紀から二千年も昔になる古代のローマに迷いこんできた若者に対しては、何よりも先に古代では、都市国家というものにとっての都市とは何であったかを、明らかにすることからはじめたほうがよさそうだ。

それではじめるが、ギリシアのアテネと同じく、ローマも、その成立の当初は都市国家として生れたのだった。はじめに国ありき、ではなく、はじめに都市ありき、なんだ。国家があって、その後で首都を定めるのではなく、首都が先にあって、その周辺に国家が形成されていく、というタイプ。だからこそ、都市がすべての社会活動の中心になるのも当然の帰結、ということになる。言い換えれば、地方は生産基地、都市は交換基地。七つの丘で成り立つローマ自体、建国直後の王政時代には、神々の住まいと決めたカピトリーノの丘を除いた六つの丘にはそれぞれ、ローマが受け容れた諸部族が分れて住んでも、丘の間に広がる谷間《たにあい》の地は、フォロ・ロマーノにしたり大競技場の建設に用立てたりして、共有の場所として使われていたのだった。

つまりローマは王政時代からすでに、ローマの街中に丘という〈地方〉をもち、フォロ・ロマーノという〈都市〉をもっていたということになる。〈地方〉は個人生活のためであり、〈都市〉は社会生活のためという感じで。

ぼくが言いたいのは、一次的二次的というような重要性の差異ではなく、機能の差異でしかなかった、ということ。そして、ローマ人のこの考え方は、彼らがイタリア半島を統一した後もつづいただけでなく、大帝国を創設した後でも継続されていく〈考え〉になる。

成立当初が都市国家であっただけに、ローマ人は都市と地方の差異を熟知し、その差異を活用することがごく自然にできたのだろう。モノカルチャーの〈地方〉とマルチカルチャーが特色の〈都市〉は、放置しておくと対立関係になりがちだが、街道網を整備することにより一つの巨大な運命共同体に変えていったのだ。こうして都市は、帝国の〈核〉になっていく。

この種の現象に最も敏感に反応するのは知識人階級だが、共和政時代にはイタリア半島各地の〈地方〉から、帝政時代になると帝国各地の〈地方〉から、帝国の首都ローマを目指したのが彼らだった。新しい文化文明は異種のカルチャーが混ざり合う地にしか生れない。この一事は、新しい文化文明を創造しようとしている当の人が、他の誰よりもよく知っているからだろう。

しかし、都市に流入してくる人々は、創造上の刺激を求めてくる人ばかりではない。都会だからこそ容易に見出せる、生活の手段を求めて入ってくる人々が大半だ。おかげで、公共用の施設を建てる必要に加え、これらの人々のための住居も考えてやらねばならずで、土地に限りがある都市内はますます建てこんでくる。その結果、人々は快適な生活を求めたければ地方にも家をもつということになる。ローマ法の中で〈日照権〉を保護する法律があるかと探したけれど、類似のものさえ一つとしてなかった。ローマ人は、都市内の住まいには、そのようなことまでは求めていなかったということだ。

郊外の一戸建てをラテン語ではヴィラ（Villa）と呼ぶが、それを訳す場合は別荘とするしかないだろう。だが、別荘とか山荘と訳しながらも、こちらのほうが本宅ではないかと始終思っている。なにしろ、ローマ人のヴィラへの執着は、土地の制限がないという条件にも助けられて、都市内の住まいに対する執着を断じて越えていたのだから。都会と田舎に二股かけてきた、彼らのライフスタイルが想像できるでしょう。

　ローマ時代のヴィラは、わずかに残る遺跡からでもその高度な生活水準が想像でき、このライフスタイルが、ルネサンス時代のフィレンツェやヴェネツィアのヴィラに受け継がれ、フランスやイギリスのカントリー・ライフになっていったのだと思う。

　都市は、都市に求められることのみを与えていればよい。それ以上のものまで与えようとすると、〈地方〉のような〈都市〉になってしまう。ローマ時代の都市は、〈帝国の首都〉と呼ばれたローマ以外の都市でも、緑が極度に少ない。公共施設のほうを優先した結果だ。しかし、だからこそ都市は〈基地〉として機能できた。都市と地方と街道のネットワークで成り立っていたのが、ローマ帝国であったのだから。そして、ローマ人が都市化した地域は、ほとんどすべて、二千年が過ぎた現代でも大都市として生き残っている。西欧各国の首都の中で、ローマ時代とは無関係なのはスペインのマドリードのみ、としてもよいくらいに。

　都市と地方の二本立てというライフスタイルへの愛着は、ギリシア人よりもローマ人のほうに強かったのではないかと思う。田園で思索するソクラテスは聞かないのに、田園のヴィラで執筆するキケロは史実であったのだから」

質問4　富の格差について

「軍事大国であり政治大国であったローマ帝国は、同時に経済大国でもあったわけですが、富の分配となると不平等で、一部の層にのみ富が集中していたといわれ、それもまた後世の研究者たちのローマ批判の理由になっていますが、ほんとうのところはどうだったのでしょう」

「富の分配の不平等が、共産主義という実験によっても解決されなかったという問題は別にしても、ローマ帝国もこの現実の例外ではなかったことは確かだ。ゆえにこの質問に対しては、二段階に分けて答えてみたい。

第一に、なぜ富の分配の不平等が起るのか。

第二は、それが共同体の運営におよぼした影響。

そして、頭に置いておいてほしいことは、次の五項目。

一、富の分配とは、所詮は税制の問題であること。

二、人間とは、重税か否《いな》かにかかわらず、税金そのものが嫌いであること。ゆえに、相対的には低率でも、税金となれば何でも重税感をいだくのが人間性の現実である以上、史料にある重税という記述も、当時の情況の検証なしには信じてはならないこと。

三、人間とは、定期的よりも不定期的に課される税金のほうを、重税と感じてしまうこと。ゆえに税制は、定期税方式であるほうが望ましい。

四、徴税費用を低くおさえるためにも、また徴税担当者の恣意が働く余地を少なくするためにも、税制度は単純で明快であるべきこと。

五、ローマ帝国は、大別すれば次の三要素から成り立っていた事実。

(a) ローマ市民権所有者――有権者であるがゆえに、帝国の安全保障の責任をもつ。ローマ軍の主戦力である軍団兵は、ローマ市民権所有者が資格条件になっていた。

(b) ローマの同盟国の民――ローマが軍事行動を起す際には兵力を提供したり兵糧・武器等の後方支援を受けもつことで、同盟国もふくめた帝国全体の安全保障の一翼をになっている人々を指す。

(c) 属州民――兵役志願者を除けば、帝国防衛の義務はない。ただし、現代で言うところの後方支援の義務は課される場合もある。

それで本題に入るが、古代ではギリシアでもローマでも、税の主体は間接税で一貫して

アウグストゥスによる税制改革

	ローマ市民	非ローマ市民（属州民）
直接税	収入税としてならば直接税はなし 奴隷解放税　5% 相続税　5%	地租税ないし属州税は収入の10% （兵役勤務の属州民は免除）
間接税	関税　1.5〜5%（オリエント産の贅沢品に対しては25%） 売り上げ税（現代の消費税）　1%	

いた。なぜなら都市国家における主権者は市民であり、その市民の権利は国政への参与、義務は祖国の防衛と考えられていたので、防衛を担当するという〈義務〉を課されている人には、直接税を払う〈義務〉は課されていない。直接税とは、安全保障費の別名でもあると考えられていたのだから。だからこそ(a)と(b)に属する人には直接税支払いの義務はなく、(c)に属する人のみが、収入の一割にあたる率の属州税という名の直接税を課されていたのだった。

それで、後世の批判が集中しているという理由で話を帝政ローマにかぎるが、初代皇帝アウグストゥスが定め、大筋では帝国の滅亡までつづいた税制は上の表のとおり。少しばかり説明を加えれば、第一に、実質上は属国の(b)に属する同盟諸国は、公的にはあくまでも独立国なので、この表の対象には入れていない。

第二に、奴隷解放税とは、自由を回復する奴隷が自らの値の二十分の一の額を国家に払う税の名称。自由を得るのに税を課されるとはケシカランと思うかもしれないが、奴隷とはローマの市民権を持っていなかった人のこと。外国人受け容れには寛容であったローマも、野放し状態は否、としていた証拠だ。

関税の税率に一・五から五パーセントの間で幅をもたせているのは、ケース・バイ・ケースの達人でもあったローマ人を示す好例の一つでもある。通常は五パーセントだったが、それが減額される場合は、

一、悪化した経済状態の改善策の一つとして。

二、災害地の復興に対する援助策の一つとして。

三、軍事基地を置かせてもらう代償として。

本国であるイタリア半島自体が地震帯の上に乗っているだけでなく、属州でもバルカン、ギリシア、中近東と、ローマ帝国は地震多発地帯をかかえこんでいるのだ。災害が発生すると、皇帝からは応急の義援金が送られてくる。近くの軍団基地からは、インフラ復旧工事のための軍団兵が送りこまれてくる。関税率が下げられるにとどまらず、災害地が属州ならば、災害の程度に応じて、三年から五年間の属州税が免除になる。これが、ローマ帝

国の災害対策だった。援助よりも、免税にするから自助努力で再起せよ、という意味でもあったのだが」

「興味深い考え方であり、税制も単純明快であることはわかりましたが、ローマ市民ならば間接税のみ、属州民でも累進課税なしでは、富の分配の不平等化は避けられませんね。となれば、後世の非難も正当ということになる」

「くり返すが、累進課税にしようと、すべて取りあげたうえで改めて再配分するシステムを試みようと、結果は働く意欲の減少を産んだだけで、富の分配の平等にはさしたる影響はなかったのは後の歴史が示していることでもある。とはいえ、富の格差を放置しておいては、社会不安の温床になることは必定。それでアウグストゥスは、あることに眼をつけた。

　都合良くもローマ人の間には、権力を与えられ富も享受できる者にとっての最高の名誉は、公共の事業に私財を投ずることであるという伝統があった。と同時に、ローマでは公共建造物に、それを建てさせた人の名を冠するという伝統もあったのだ。誰かを記念してというケネディ空港式の命名は、マルケルス劇場にオクタヴィア回廊の二例しかない。他はすべて、建設した当人が属す家門名で呼ばれている。アッピア街道、フラミニア街道、ポンペイウス劇場、ユリウス公会堂、クラウディウス水道等々。コロッセウムは通称で、正式の名はフラヴィウス闘技場。建設者であるヴェスパシアヌス帝の属する家門名が、フラヴィウスであったから。

このように、共和政時代から存在していた利益の社会還元策を、これまでのような慣習ではなく政策にしたのが、初代皇帝のアウグストゥスだった。彼自らが、率先して実行している。レンガのローマを受け継いだが、それを大理石のローマにして後に遺す、なんて高言したくらいだから、彼の治世中に成された公共建造物は質も量もすごかった。

そして、もはや国策となったからには、皇帝の独占ではなく、有力者たちもそれを踏襲することを奨励されたわけで、アウグストゥスの右腕と言われたアグリッパによる公共事業に至ってはすさまじい数。彼などはそれ専任の技術者集団を養成していたほどで、それが建設省の設立につながっていく。こうして公共事業までが、ローマ社会の成功者たちの責務として定着していったのだ。そして、国の政策となった以上、この傾向はまずは本国内の地方自治体に、次いでは属州にと広まっていったのも当然の帰結であった。

しかも、公共建造物は、建てればそれで終りではない。長期間存続するには、不断の修

パンテオン

正面にはもともとの建立者であるアグリッパの名が刻まれている

理修復を欠くわけにはいかない。ローマ時代のエンジニアたちは、次のような言葉を遺している。

――岩は味方で、水は敵。

水はけが完璧に考慮されたローマ式の街道でも、メンテナンスを怠ると、敷石のすき間に風によって運ばれてきた土がたまる。風は草の種も運んでくる。そこに雨が降る。雑草は敷石さえも動かす。建造に熱心な人は、修理修復の重要性も熟知している。アウグストゥスは、首都のローマから北に走る幹道の一つであるフラミニア街道の、自費による全線修復もしている。

　つまり、利益の社会還元策としての富者や有力者たちによる公共事業への私財投入は、建設と並んで修理修復の面でも発揮されていったのだ。皇帝が建設した街道のメンテナンスは、その街道の通る一帯の有力者たちが担当するという具合に。かつてのローマ帝国の全域で数多く発掘されている碑文にも、地方議会の長を務めた○○の費用負担によって、△△街道のどこからどこまでが修復されたとか、その町の町議であった××が、町の中央広場に建つ神殿の修復を担当したとかが、誇らし気に刻まれているものが少なくない。

　ローマ帝国の税率は、後代から見ればタメ息が出るくらいに低い。医療と教育を民活に頼っていたという事情があるにせよ、あれでよく大帝国が運営でき、地方税もなかった地方自治体が運営できたと思ってしまうくらいだ。もしかしたら、その理由は、アウグストゥスが政策化した、人間の名誉欲と虚栄心をともに活用した、恵まれたる者の公共事業への私財の投入、にあったのかもしれない。これを誉め言葉に置き換えれば、公共心の発揮への奨励、ということになるのだが。

　いずれにせよ、これで〝財政赤字〟を埋めることができていたのだから愉快ではあるけれど」

質問5　宿敵カルタゴとの対決について

「共和政時代のローマ人にとっての宿敵であった、カルタゴとの対決について質問します。既存の歴史書には、次のように書かれていました。
――カルタゴは、海運と通商に長じていたフェニキア民族の植民先としてその歴史をはじめたこともあって、軍事力によって覇権を樹立しようと試みたことは一度もなかった。他国を侵略せず支配せず、経済活動のみによって世界と関係をもつというのが、彼らが選択した生き方であった。だがこのカルタゴが、軍事力による覇権樹立を目指すローマにとっては邪魔な存在になる。これが、ポエニ戦役が闘われた理由であった。――
日本のローマ史の専門家たちによるこの解釈が正しいのかどうか、その面ではシロウトでしかない私に答えてほしいのです」

「そのように書いた人たちは、経済力さえあれば大国になれると思いこんでいるのだろう。だが、当のカルタゴ人もまた、このように考えていたのだろうか。彼らもまた、二千年後の極東の理想主義者が考えるような、経済オンリーでよしとする平和愛好家だったのだろうか。

ローマとカルタゴは、三度にわたって死闘をくり返す。

第一次ポエニ戦役＝紀元前二六四年から二四一年までの二十三年間。戦場は、一度は北アフリカに拡大したものの、主戦場はシチリアとその周辺の海域。

第二次ポエニ戦役＝紀元前二一八年から二〇一年までの十七年間。古代屈指の名将ハンニバル対ローマという感じの戦争で、戦場も、イタリア、スペイン、北アフリカを網羅した全面戦争になり、歴史家の中には、史上初の世界大戦、とする人もいるくらい。

第三次ポエニ戦役＝紀元前一四九年から一四六年までの三年間。戦場になったのはカルタゴの本拠地であった北アフリカ。これによって、長年にわたって大国であったカルタゴは滅亡する。

では、ポエニ戦役が勃発する以前の西地中海の情勢はどうであったのかを、まず検証してみよう。

簡単にまとめれば、北西アフリカ一帯を根拠地にし、サルデーニャ、コルシカの両島を前線基地にしたカルタゴ勢と、マルセーユや南イタリアの植民都市にシチリア島を根城にするギリシア勢が激突していた時代だった。フェニキア人もギリシア人も、海運と通商に長じていた民族。戦場が海になったのも当然の帰結だった。

その当時のローマは、イタリア中部の部族との闘いだけで頭がいっぱいの状態。イタリア南部はギリシア勢によって占められ、西地中海を牛耳るカルタゴから突きつけられた不平等条約を飲むしかなく、眼の前のティレニア海にすら足をひたせない状態にあったのだ。

いずれも植民先とはいえ、ギリシア系とフェニキア系の抗争は、フェニキア系のカルタゴの勝利で終る。その頃にはローマのほうも、イタリア

第一次ポエニ戦役勃発以前の西地中海の勢力分布図

半島の統一には成功していた。とはいえ、当時の西地中海の情況は、大国と呼べるのはカルタゴで、ローマのほうはよく言っても、新興国とするのがせいぜいであったけれど。

　ではなぜ、海軍パワーでもなく通商民族でもないローマが、海軍大国であり通商大国でもあったカルタゴと剣を交えることになってしまったのか。そうなったのはローマ人が、カルタゴの本拠地の北西アフリカを、征服したいと欲したからだろうか。

第一次ポエニ戦役当時ならば、答えは完全にNO。攻勢に出てきたのは、カルタゴのほうであったのだから。

カルタゴは、つい先頃までのライヴァルであったギリシア勢が定着して長いシチリアを、完全な支配下に置こうと策す。そして事実、これは成功しつつあった。このシチリア島とイタリア半島をへだてるのは、最短距離ならば三キロのメッシーナ海峡しかない。海上の雄と自他ともに任じているカルタゴ勢に三キロの地点にまで進出されて、ローマ人とて恐怖に駆られたのだろう。

地中海最高の海軍パワーを誇るカルタゴの進攻を許せば、三キロの対岸に敵をもつだけでは済まない。イタリア半島は、三方を海にさらしているのだから、遅かれ早かれ、イタリア半島全体までがカルタゴ支配下に入る。シチリアに対するカルタゴの進攻を見るだけでも、カルタゴが『他国を侵略せず支配せず、経済活動のみによって世界と関係をもつ』どころではないことは明白であったのだから。

という事情で始まったのが第一次ポエニ戦役だが、結果はローマ側の勝利で終る」

「なぜ？　地中海最大とはいえ、シチリアはあくまでも島です。海戦に訴えないで勝負が

第一次ポエニ戦役開始前のシチリアの勢力分布図

つくはずはない。海軍大国のカルタゴを敵にまわして、それまでは陸上戦しか経験していないローマが、どうやって勝てたのですか」

「歴史を知る愉しみは、ディテールを一つ一つ追っていくことで生れると言われている。戦争の叙述の場合はとくに、ディテールの重要度は高まる。なぜなら、結果がどう出るかも知らずに人間同士が激突する戦場では、ほんの偶然によって戦果が決まってしまう場合が少なくないからだ。神は細部に宿りたまう、という一句もあったようだし」

「なるほど。私もポエニ戦役の叙述に要した分量は、『ハンニバル戦記』と題した一冊のほぼすべてでした。一度もポエニ戦役の叙述に正面から向い合ったことのない人ならば、その要約は簡単でしょうが、私にはできません。ディテールへの愛情というか、それとも、あの戦役中に生きかつ死んだ、ローマとカルタゴ双方の男たちへの愛情というか、そのような想いが強すぎるのかもしれません。

想いこみというのは、肩入れして書くことと同じではない。距離を保って冷静に筆を進める場合のほうが、深く強い想いこみを必要とするものですからね。

とはいえ、ある一つのことにかぎるならば、二千年後に生きている私でもお話しできるかもしれません。なぜなら、そのことを私が心から納得できた裏には、一人の日本人の言葉があったからなので」

「よかろう。きみの知っていることをまず話したまえ」

「では話します。軍船どころか商船さえもたず、船が必要になれば、制覇後は同盟者にしていたナポリやターラントのようなギリシア系の海港都市から、船乗りともども船を借りて済ませていたのが、カルタゴを敵にする以前のローマの実情でした。それでカルタゴとの戦争準備も、まず緒戦で捕獲したカルタゴの軍船を解体し、逐一まねて再建することからはじめます。

同時にはじまったのが、乗員の確保。これも、テヴェレ河で使う程度の舟しか経験していないのがローマ人。現代の大学のボート部でも使っている初心者訓練用の器具に似たものを作って砂浜にすえ、ナポリやターラントから招いたプロたちの号令一下、オールを漕ぐ特訓をほどこすという過程を消化する必要がありました。

これでようやく、にわか作りの艦隊に、にわか仕立ての船乗りと戦闘要員としての軍団兵を乗せて海に乗り出したのですが、ローマ人の偉かったところは、この状態ではとてもカルタゴ相手に勝てないことを知っていた点でしょう。

海洋民族とは、ギリシア人やカルタゴ人の例でもわかるように、船の操縦に長じている人々であって、それゆえにこそ海上のパワーになれるのです。その伝統のないローマが、船を自由自在に動かす技能に優れるカルタゴ艦隊に勝つには、何であろうと新手の戦法が必要と考えたのでした。

ここからは、要約不可能という理由で、『ローマ人の物語』二巻目の『ハンニバル戦記』から引用することを許してください。

——執政官ドゥイリウスは、カルタゴと同じ五段層軍船をもってしても、海上ではローマはカルタゴにかなわないと考えた。それで、自分たちの不利をおぎなう目的で、これまではどの民族も船上に設置したことのない、新兵器を考え出したのである。ローマ兵たちはそれを、〈カラス〉と名づけた。

〈カラス〉は、航行中は船首に最も近い帆柱にロープで固定されている一種の桟橋。船首を先に敵船に接近するや、帆柱から解かれた〈カラス〉は、敵船の甲板に落下する。先端につけられた鋭い鉄製の鉤《かぎ》が、落下した際の力で甲板に突き刺さって固定される。これを通ってローマ兵が、敵船になだれこむ。船の操縦に自信のないローマ人は、この〈カラス〉によって、海上の戦闘を陸上の戦闘に変えることを考えたのでした。また、〈カラス〉は、百八十度の方向転換も可能なようにできている。敵船が左右どちらにあらわれようと、接近に成功しさえすれば威力は発揮されるのです。

　しかし、〈カラス〉のようなものを考えついたのは、ローマ人に海運の伝統がなかったから。海運国の船乗りは、船の操縦に自信があるだけでなく、船の美観も大切にする男たち。すべての帆が張られたときの帆船の美しさは、海に命を賭けてきた男たちの誇りをかき立てるものだから。〈カラス〉のような奇妙な物体を帆柱につけるなど、彼らにすれば、海と船への冒瀆《ぼうとく》以外の何ものでもなかったでしょう。ただ、海の男であったことなど一度もないローマ人は、そのようなことに気を使わなかっただけなのです。——

ローマの軍船

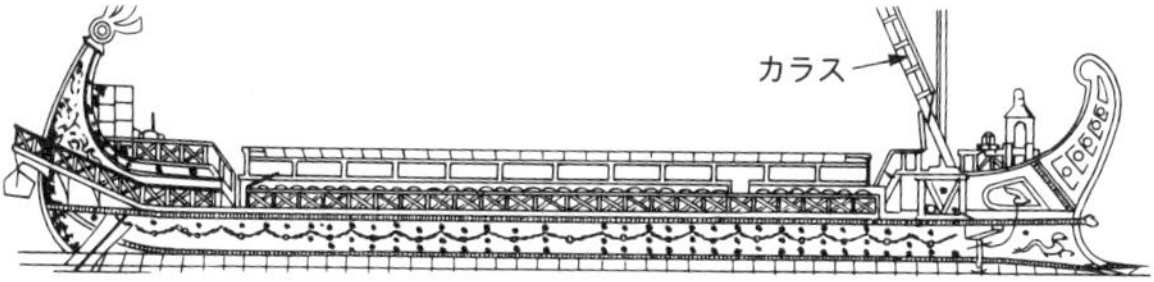

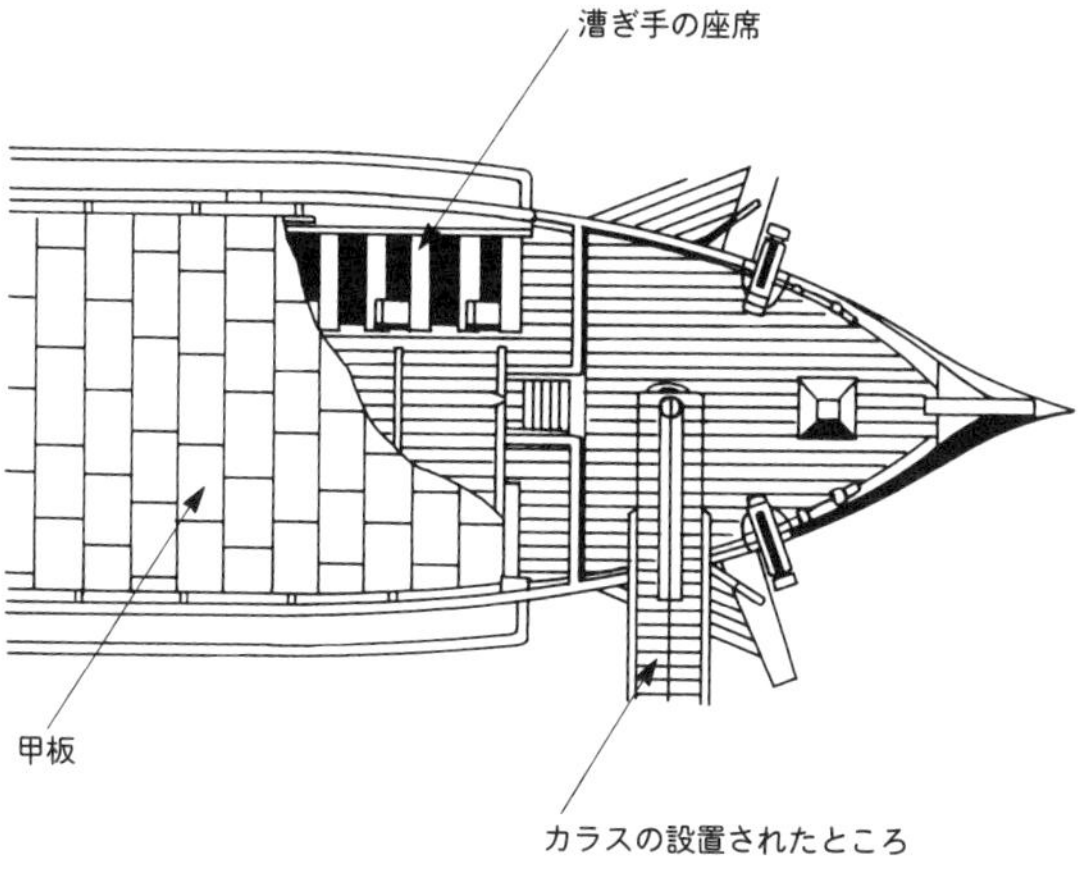

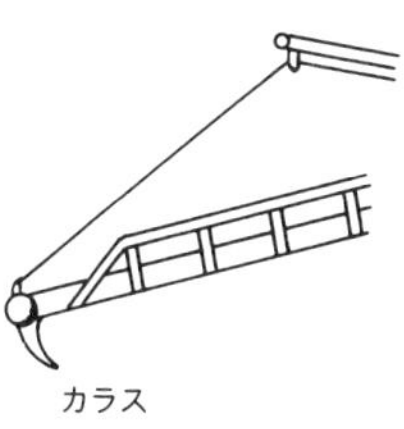

この辺りの事情を書くに際し私の前にあったのは、数枚の〈カラス〉の復元図と、ローマとカルタゴの間で闘われた一回目の海戦を叙述した、ローマ時代の史書だけでした。それらを見ながら考えあぐねていた私の頭に、何年か前に話してくれた本田宗一郎の言葉が浮かんできたのです。

――日本には二輪車の伝統はない。だから、オートバイには何と何をつけるべきだという定説もない。それでぼくは、二輪の伝統のある国の技術者ならば絶対に乗せないメカでも乗せてしまったのだ。――

これだ、と私は思ったのです。書く私自身が納得していなければ、説明でも描写でも、読む人に対して説得力はもてません。もしもこの部分の説明が説得力をもてたとすれば、本田宗一郎のおかげですね。

彼の与えてくれたヒントこそが、ローマとカルタゴの間で闘われた海戦の描写にも役立ったのです。なにしろ第一次ポエニ戦役でのローマときたら、艦隊の布陣からして、海戦の方程式に反することばかりやっていたのだから」

「つまりローマは、柔軟で大胆な発想によって勝ったということだね」

「そうです。しかも戦役の終結を決したのは、ローマが得意とした陸上戦ではなく、カルタゴが絶対の自信をもっていた海戦であったのだから立派です。そして、これ以上の戦役続行の不利を悟ったカルタゴからの申し入れを受けて講和条約が締結され、第一次ポエニ戦役は終り、戦場となったシチリアだけでなくサルデーニャもコルシカも、ローマの領有に帰すことになりました。

　しかし、第一次ポエニ戦役後のローマは、それ以前はカルタゴが独占していた西地中海の制海権を、全部ではなくとも半分は奪取したことになるから、それを維持しつづけるためにも、陸軍国ローマは海軍国に方向転換したのでしょうか」

「いいやちがう。伝統とは、二十年ぐらいで変わるものではない。民族にとっての伝統とは、人間にとっての体質のようなものだから、たとえ二百年を経ても変われるものではない。それに、第一次ポエニ戦役が二十三年間もつづいてしまったのは、ローマ側にも失敗があったからだ。

　第一次ポエニ戦役でローマが勝てたのは、〈カラス〉の考案にしろ、海洋民族ならば考えるはずもない、奇策とでもするしかない海戦の戦術にしろ、言ってみれば〈シロウトであるがゆえの強さ〉にあったのだ。ただしそれは、〈シロウトであるがゆえの弱さ〉と表裏一体でもある。つまり、第一次ポエニ戦役当時のローマ人は、シロウトの強さで勝ったけれど、一方ではシロウトの弱さで相当に苦しまされたのだ。その例の説明は、きみが書いた『ハンニバル戦記』の一部で代えれば次のようになる。

――シチリアの南岸までできたところで、ローマ艦隊はすさまじい嵐に出会ってしまった。あの辺りの海岸は磯浜の連続だ。逃げこめる港も近くにない海上で嵐に襲われた場合に注意しなければならないことは、海岸線に近づきすぎるのは厳禁、の一事につきる。

ローマ艦隊の舵をにぎっていたのは、〈ローマ連合〉に加盟している海港都市から参戦している船乗りたち。彼らは、嵐による被害を最小限にとどめるすべを知っていたが、その人々の舵取りに反対したのが、海に慣れていないローマの将軍たちだった。

陸地も見えない海の上で嵐にほんろうされる恐怖に耐えきれなくなったローマ人は、海岸に近づくよう船乗りに命じた。それも、離れ離れにならないようにと、一団になって近づけという命令だ。船乗りたちは抗弁したが、経験のない人間に向っては説得も効果ない。しかも、経験のない人間のほうが、命令をくだす立場にある。二百三十隻からなるローマ艦隊は、風と雨と哮《たけ》り狂う海で定かには見えない海岸に接近していった。

結果は、地中海史上最大とさえいわれる海難事故で、岸壁に激突したり友船同士でぶつかったりした二百三十隻のうち、シラクサの港まで難を逃れることができたのは八十隻。

あの辺りの浜辺は、流れついた死体で埋まったという。この海難事故で、ローマは六万人を失った。執政官が二人とも生き残れたのは、彼らの乗っていたのが旗艦で、それだけに熟練の船乗りが操縦していたからである。海戦には勝てても海の嵐には勝てなかったローマ人は、やはり海運の伝統をもたない民族であった。この知らせを受けたローマ人は、深刻な悲しみとともに喪に服し、カルタゴ人は狂喜した。——

　この規模の海難事故は、もう一度、起ってしまう。そのたびにローマは息切れし、翌年には戦力をくり出すことさえできなくなる。第一次ポエニ戦役でローマが勝てた理由は、〈カラス〉の考案など〈シロウトであるがゆえの強さ〉にあったが、二十年余りもの戦役続行の真因は、ローマ側の〈シロウトの弱さ〉にあったのだ」

「なるほど。とはいえ、この二十三年後に再開される第二次ポエニ戦役では、戦場は陸の上だけです。それなのにローマは、これこそローマ史上最悪といわれるくらいに苦戦する」

「歴史とは、しばしば一人の天才の出現で一変するものだ。今度はカルタゴのほうに、大胆で柔軟な発想を得意とする人があらわれたということ。なにしろ、攻めてくるならば海、つまり南からだと思いこんでいたローマ側の防衛システムの裏をかいて、アルプスを越えて、つまり北からイタリア半島に攻めこんできたのだからね」

「しかし、はじめから断っておきますが、第二次ポエニ戦役の要約に至っては、少なくとも私の場合は、たとえ殺すと脅されてもできない絶対の不可能事です。ローマの史家リヴィウスの『ローマ史』でも大きな部分がさかれていますが、私の『ハンニバル戦記』でも、その前後の百三十年間をとりあげていながら、そのうちの十六年にすぎない第二次ポエニ戦役の叙述に、一冊の三分の二を費やしている。その理由は、ローマ対カルタゴというよりは、ローマ対ハンニバルという感じで展開した第二次ポエニ戦役こそ、ローマ史上の輝けるハイライトでもあるからです。

この戦役でローマ人は、名将ハンニバル一人を敵に必死の抗戦を強いられますが、それだけにかえって、ローマ人の資質の卓抜さが明らかになってくる。なぜローマ人が、あのハンニバルに対してさえ勝つことができたのかを知るためにも、また、それ以降のローマ史を理解するうえでも、第二次ポエニ戦役は重要きわまりない歴史上の事件なのです。

だから、神は、つまりは理解の鍵は、細部に宿るとでも考えて、ディテールを追ってもらうしかありません。

ただしあなたには、一つだけ、単純な質問に答えてほしいのです。つまりそれは次の一事。

第二次ポエニ戦役中のハンニバルとスキピオの進路と主要会戦場

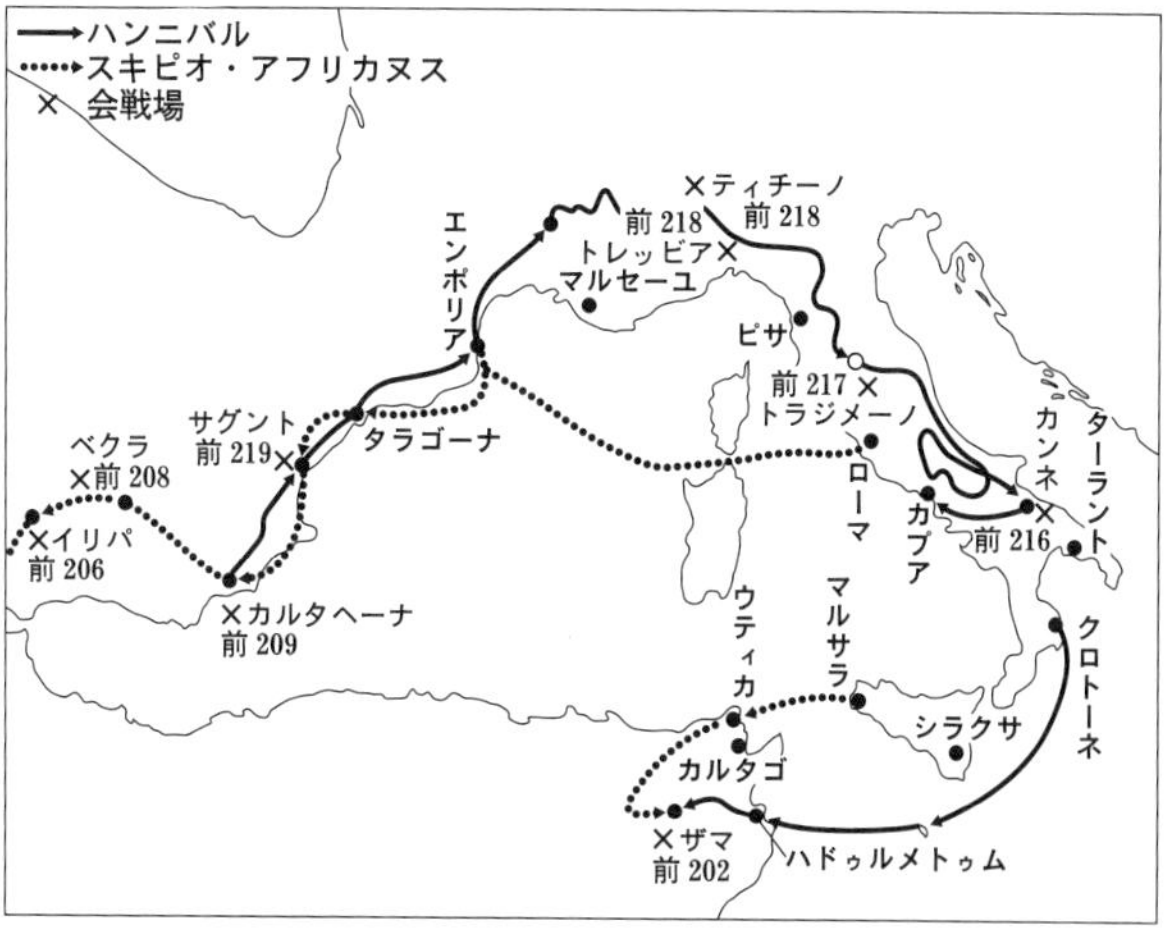

　アルプスを越えてローマ本国に攻め入ったハンニバルは、その後、十六年間もイタリア半島内に居座ることになりますが、その間、五万はいたといわれる配下の兵士たちの食糧は、どのように調達していたのでしょうか。古代の史家たちの叙述には、カルタゴ本国のハンニバルへの非協力と、ローマ側の波打ちぎわでの防止作戦の成功によって、ハンニバルが祖国カルタゴから受けることのできた補給は二度でしかなかったと書かれてありますが」

「そのとおり。十六年間に二度では、補給とも言えない。しかもこの十六年間は、敵地での歳月。兵糧の確保は、強制的な調達、つまり強奪によったとしか考えられない。

ローマの武将ならば、今は敵でも征服後は味方にしなければならない相手なので、制覇のための軍事行動中でも、可能なかぎり現地調達は避けるのは伝統になっていて、やむをえない場合でも強奪ではなく、対価を払っての調達であるよう努めている。ゆえにローマの司令官にとっての最重要任務の一つが、本国や友好国からの補給路の確保にあったくらい。

しかし、第一次ポエニ戦役の敗北を忘れることのできなかった父親から、幼少の頃より打倒ローマをたたきこまれて育ったハンニバルのこと。ローマ人の住むイタリア半島は、征服した後に領有する地ではなく、打倒し壊滅させる地にすぎなかったのだろう。この彼にしてみれば、イタリア半島の住民から強奪しようと、それによって住民の反感を買おうと、このような行為への抵抗感は皆無であったにちがいない。

カプアやターラントやシラクサを味方に引き入れたのも、これら南イタリアのギリシア系諸都市との永続的な同盟関係を望んでいたからではなく、これらの諸都市が離反することでローマを孤立させるためでしかなかった。おかげで、ハンニバルが十六年も居座っていた南イタリアは荒地と化し、農牧業を再興するのにローマは、第二次ポエニ戦役終了後も長く苦しむことになる。

ハンニバルは、象を引き連れてアルプスを越えた一件だけで、歴史に名を遺した人ではない。卓越した才能と強烈な意志をもち、傲慢不遜でいながら部下からは神のごとく慕われ、古代屈指の戦術の才によってローマ軍を完膚なきまでに敗北させておきながら、最も重要な最後の会戦に敗れたことで、祖国カルタゴを敗戦国にしてしまった男です。

悲劇の主人公にちがいはないが、その原因は彼にあったのか。それとも、挙国一致でハンニバルに抗戦したローマとちがって、常に国論が二分していたカルタゴにあったのか。または、この両方であるのか。でなければ、ローマ人を敵にまわしてしまったこと自体にあるのか。

このハンニバルは、最後の戦闘になるザマの会戦でローマ軍を指揮する若き武将スキピオに、面と向って言われます。あなたは、平和の中で生きることが何よりも不得手のようだ、と。こんなふうで、第二次ポエニ戦役は、多くのことを考えさせてくれる歴史上の事象なのです。

このハンニバルの面影を後世に伝えてくれる肖像は、ナポリの考古学博物館にあるただ一つしか残っていない。四十代半ばの悲劇の男を写してこれ以上はないと思われる一品だが、スペインから出発して南フランスを横断し、アルプスを越えてイタリアになぐりこみをかけた、三十になるやならずの若者の覇気は伝えてくれない。しかし、ハンニバルにだって歳月は経過する。攻め入ったときの二十九歳からはじまり、ローマ軍相手に連戦連勝の六年を謳歌しながらも、結局はローマの息の根を止めるには至らず、ついには反撃に出てきたローマを向うにまわす歳月を経て、最後はザマで完敗を喫するまでの十六年にもなる」

「そうなんですよ。それで私も、『ハンニバル戦記』中で、ただ一つ残る彼の〈顔貌〉をザマの会戦前夜まで載せないことにしたのです。悲運が漂う彼の顔は、連戦連勝を誇った男の唯一の敗北のときにしか、ふさわしくないと考えたから。つまり、全勝街道を驀進《ばくしん》中の三十代のハンニバルを読者に理解してもらうには、あの顔はかえって邪魔になる、と思ったので。

同じたぐいの配慮を私は、このハンニバルを破った唯一のローマの武将であるスキピオに対してもしています。ナポリの考古学博物館には、スキピオの像も現存する。だがそれは、ガンでも患っていたのかと思える晩年の彼の顔です。稀代の戦術家として当時は子供でさえも知っていた四十五歳を敵にまわしてさえ勝てる戦術を考え出し、そしてそれを駆使することで実際に勝った、自信あふれる三十三歳の男の顔ではない。

スキピオ

ハンニバル

それで私は、指輪に彫られた横顔のほうを使うことにしたのです。表紙にも、それを使っています。ポエニ戦役を勝ち抜いた新興国ローマを代表させるには、若々しく、失敗さえも滋養にしてしまう気概にあふれた、この顔のほうがふさわしいと考えたからです。

人間の顔がいかに多くの情報を内蔵しているかは、古今東西変わりのない真実ではないかと思っていますが、理想としての人間の表現を好んだギリシアとちがって、人間の現実の姿を映すことに執着したローマではとくに、人間の顔を熟視すること自体が、歴史上の情報の収集手段の一つになりうると信じています。

『ローマ人の物語』連作の表紙に載せる〈顔〉は、各巻すべて私が選びました。この巻では誰を、どのような感じの顔が欲しいがゆえにどの角度で使うかまで、私が決めます。連作の表題を追うだけでもローマ史が一望でき、時代を映す観点から選択した表紙の〈顔〉を見ていくだけでも、ローマの歴史の経過が想像できるようにと考えたからです。

　日本の書店では、カバーをかけますかとたずねる場合が多いけれど、あれは断ってください、と言いたい。時代を表現している表紙の〈顔〉と本文の叙述は、いずれも史実ないし情報であるという一点において、相互依存の関係にあるのですから。

　書物とは、ただの紙の束ではないのです。テレビやコンピューターの時代になっても、あの程度の分量であれだけ多くの情報を伝達できる媒体はない。そして、その伝達手段は文章だけではなく、載っている地図も肖像写真もすべてがふくまれた総合体であるべきと、少なくとも私は考えています」

「われわれは行動したが、それを叙述する日本人も苦労はしているんだね」

「当り前です。今あなたにインタビューしているのも、そのための一つというわけで。それで、質問の的を紀元前一四九年にはじまる第三次ポエニ戦役に移したいのですが、この戦役は三年と短く、第二次のようなスターも産みません。だが、この戦役でカルタゴは滅亡する。その第三次ポエニ戦役について、先日読んだ日本人が書いた歴史書では次のように説明していました。

――カルタゴの人々は、ローマが派した大軍を前に、自由に生きるためだけに三年もの間、耐え抜いた。その結果は亡国で終わったが、にもかかわらずこの第三次ポエニ戦役は、他国を侵略することなく経済活動のみに依存する生き方を認めないローマの不正を糾弾する、歴史上の証人になることでもあった。――

これについては、当事者であったローマ人の一人として、どうお考えですか」

「このような意見を耳にするたびに思うのは、もしも第一次と第二次の勝者がローマではなくてカルタゴであったとしたら、第三次当時のカルタゴ人は、他国を侵略せずに経済活動に専念する生き方こそが正義である、と思ったであろうかということだ。

これに対する答えは明快で、第一次と第二次に敗れた結果として、カルタゴは正義か否かには関係なく、経済大国の道を選ぶしかなかったというだけ。とくに、第二次戦役終了後に結ばれた講和条約がそれを決定した。カルタゴは、自国前の海上警備用として三段層ガレー軍船十隻の所有しか認められず、これはもう海上保安庁程度の海軍力しか持てなくなったということだが、そのうえ、たとえ自衛のためでもローマの同意なしには、軍事行動に訴えることは許されないと決まったからだ。

ゆえに問題は、事実上はローマの属国と化したカルタゴが経済大国として生きつづけることを、ローマが容認しつづけるか否か、になる。そして、当時のローマの政策を決めていた元老院は、容認派と非容認派に二分していたのだった。

非容認派の急先鋒であるマルクス・カトーは、ある日の元老院会議の席上、持参した一籠のいちじくを見せる。議員たちはいちように、その見事な大きさとみずみずしさに眼を見張る。その同僚たちに向ってカトーは言う。これほどに見事な果実を産する能力をもつ敵が、この新鮮さを保ったままで運べる三日の距離にいる、と。

紀元前二世紀当時のカルタゴは、公式上はあくまでも独立国だから、ローマが支配する属州ではない。属州税も徴収できなければ、ローマの資本家が自由に投資することもできない。それでいながらカルタゴは、隣国で経済力でも劣るヌミディアのように、覇権国ローマが戦争をする場合に兵力を提供するという、軍事上の同盟関係にもない。これに加えてローマ下の属州のように、現代でいうところの後方支援も課されていなかった。このカルタゴでは経済上の繁栄を容認する理由は、ローマにすれば、少なかったとするしかない。しかもそのうえ、カルタゴ側に外交上のミスが続発する。結局、非容認派が多数を得て、第二次の敗戦から半世紀後に第三次ポエニ戦役が勃発し、その結果、カルタゴは滅亡したのです。

　とはいえ、ぼく個人は、第三次ポエニ戦役の必然性については、いまだに答えが出せないでいるのだけど。

　紀元前一四六年、三年の攻城戦の末に落とした首都カルタゴを、ローマは破壊しただけでなく塩を撒いて不毛の地にしてしまった。ところがそれから四分の一世紀も過ぎないというのに、護民官のガイウス・グラックスは、ローマ市民を移住させることで都市としてのカルタゴを再興しようとする。このときは彼の死で実現まではいかなかったが、その八十年後のユリウス・カエサルによるカルタゴ再建策は、彼を継いだアウグストゥスの手で現実になる。そしてそれ以降のカルタゴは、ローマ帝国の重要都市の一つとして、帝国が健在である間ずっと、繁栄をつづけるのです。北アフリカの物産の集結地としてのカルタゴの利点を、ローマ人とて無視しつづけるわけにはいかなかったということだろう。

　それならばなぜ、紀元前一四六年にはつぶしたのか、という問題が残る。経済面でのギリシア人やユダヤ人の活躍を容認していたのがローマであったのだから、カルタゴ人にだけは許さないというのもうなずけない。なにしろローマ人とは、雪辱の想いは強くもって

黒海
トラキア
イリリア
ペラ
ターラント
マケドニア
ビティニア
ポントス
アルメニア
小アジア
ペルガモン
マグネシア
アテネ
カッパドキア
（コリント）
（スパルタ）
エフェソス
アンティオキア
シリア王国
ロードス
キプロス
ダマスカス
クレタ
イェルサレム
アレクサンドリア
エジプト王国
メンフィス

紀元前130年前後の地中海世界

も、復讐の念ならば薄い民族でもあったのだから。

とはいえ、紀元前一四六年という年は、カルタゴだけでなく、ギリシア中部の有力な都市のコリントも破壊され、塩を撒かれている。

敗者に対して寛容であったローマも、この時期にかぎって硬直化していたのか。まるでナショナリズムが、突如、爆発でもしたかのように。その傾向を代表する人物が、歴史上では大カトーと呼ばれ、スキピオをギリシアかぶれと非難した、マルクス・ポルキウス・カトーであったのだった。

しかし、カルタゴは不運であったのだ、として済ませるのも釈然としない。三度にわたって闘われたポエニ戦役が覇権を賭けた抗争ならば、覇者はやはり一人でしかありえないのかもしれない。そしてその結果、勝ち残った側が地中海全域の覇者になっていく。西地中海の覇権を賭けたポエニ戦役の勝者がカルタゴであったならば、地中海を〈われらが海〉（マーレ・ノストゥルム）と呼ぶのは、カルタゴ人になっていただろう。なぜなら、地中海の東方にあったヘレニズム諸王国には、アレクサンダー大王時代の意志もパワーも失われていたのだから。

ローマとカルタゴが死闘をくり広げたポエニ戦役は、地中海世界全体の将来まで決めることになったわけだ。だからこそ、なぜローマは勝ちカルタゴは敗れたのかの、冷静で客観的な検証が重要になってくるのだと思う」

質問6　古代のローマ人と現代の日本人の共通点

「ローマ人の歴史を知れば知るほど、日本人との格差が感じられて気落ちしてしまいます。気を取り直して再びローマ史に立ち向うためにも、現代の日本人との共通点があったら教えてくれませんか」

「格差を感ずるのは何も日本人にかぎった話ではないことを、まず最初に言っておこう。ローマ帝国を母胎にしたヨーロッパ諸国はもとよりのこと、ローマ帝国の外にあったドイツでもアメリカでも古代のローマ研究が盛んなのは、現代人でも、良きにつけ悪しきにつけ〝格差〟を感じてきたという証しだろう。

ただし、ここでは話を日本人にかぎり、しかも共通点だけをあげることにかぎりたい。話が拡散しないためにも。

それで一番目だが、大変な入浴好きであったことだろう。だから、シャワーを浴びる程度では満足せず、浴槽に張った湯にどっぷりと身体全体を沈ませないと、入浴したという気分になれなかったのが古代のローマ人だった。そして、起床直後にシャワーを浴びる現代の欧米人とはまったく反対に、一日の仕事を終えた後で一風呂浴び、さっぱりした気分になって夕食の席につくのを習慣にしていた。ローマ人にとっての入浴の目的が身体を洗うことだけでなく、心も洗うことにあったからだろう。

また、入浴の仕方もちがった。浴槽の中で洗い、それが終れば湯水を流すという欧米式ではない。たっぷりと湯水の入った大きめの浴槽は身体を温めるためで、洗うのはその外のモザイク張りの床の上でしていたのだ。この入浴法を厳密に守ったのは、先にローマ人、後に日本人としてもよいくらい。

とはいえローマ人の入浴は、温水浴、熱浴（つまりはサウナ）に冷水浴の三段階で成り立っていたので、この三つともを個人で完備するのはよほどの富裕者でないと不可能。それで、古代ローマの都市ならばどこにでもあった、皇帝や有力者寄贈の公衆浴場が建てられていった。日本の温泉場にも〝ローマ風呂〟と銘打ったプールほどもある浴槽を売り物にした旅館があるそうだが、浴槽の規模という一点にかぎるならば、ローマ風呂と名乗るのは正しい。そして、この〝ローマ風呂〟の周辺は、日本ならば富士山や天橋立《あまのはしだて》でも描かれるところだろうが、ローマ時代の公衆浴場では、白く輝く大理石の像が並び立っている。絵であろうと彫像であろうと窓外の自然であろうと、何かを賞《め》でながら湯につかる式の入浴の愉しみ方を、ローマ人と日本人ほど重要視した民族はないのではないだろうか。

共通点の第二は、これまた大変な温泉好きであったこと。イタリア半島も日本列島も、火山帯の上に乗っていることでは同じ。古代から温泉のあらゆる面での効用を知っていたローマ人は、ヨーロッパや小アジアを覇権下に加えていく過程で温泉を見つけるや狂喜し、そこに堅固で恒常的な入浴施設を建てていった。現代でも有名なヨーロッパの温泉場のほぼすべては、古代のローマが起源とされているくらい。

また、温泉の愉しみ方でも、古代のローマ人の伝統を継承するのは、ヨーロッパ人ではなくて日本人としてよい。鉱泉なるものをコップに受けて飲むのと水着をまとって湯にひたるのが後代のヨーロッパでの温泉だが、古代では、街中の公衆浴場でも郊外にある温泉場の浴場でも、脱衣室を後にすれば全員が裸体。大衆から好感をもたれたい皇帝も、たまにならば姿を見せる。数日の滞在では自邸の浴場をわかすまでもないと、元老院議員も入浴に来る。そして、奴隷でも入浴は自由。個人用のバスタブ式入浴ではありえない、階級を越えた裸の交《つ》き合いが成り立っていたのだ。

裸の交き合いがローマ文明とともに姿を消したのは、キリスト教の影響による。裸体は人間の劣情を刺激するとして嫌ったのはキリスト教だが、裸体こそが人間の最も真で美しい姿であるとは、ギリシア・ローマ時代の考え方であったのだから。

カラカラ浴場の平面図

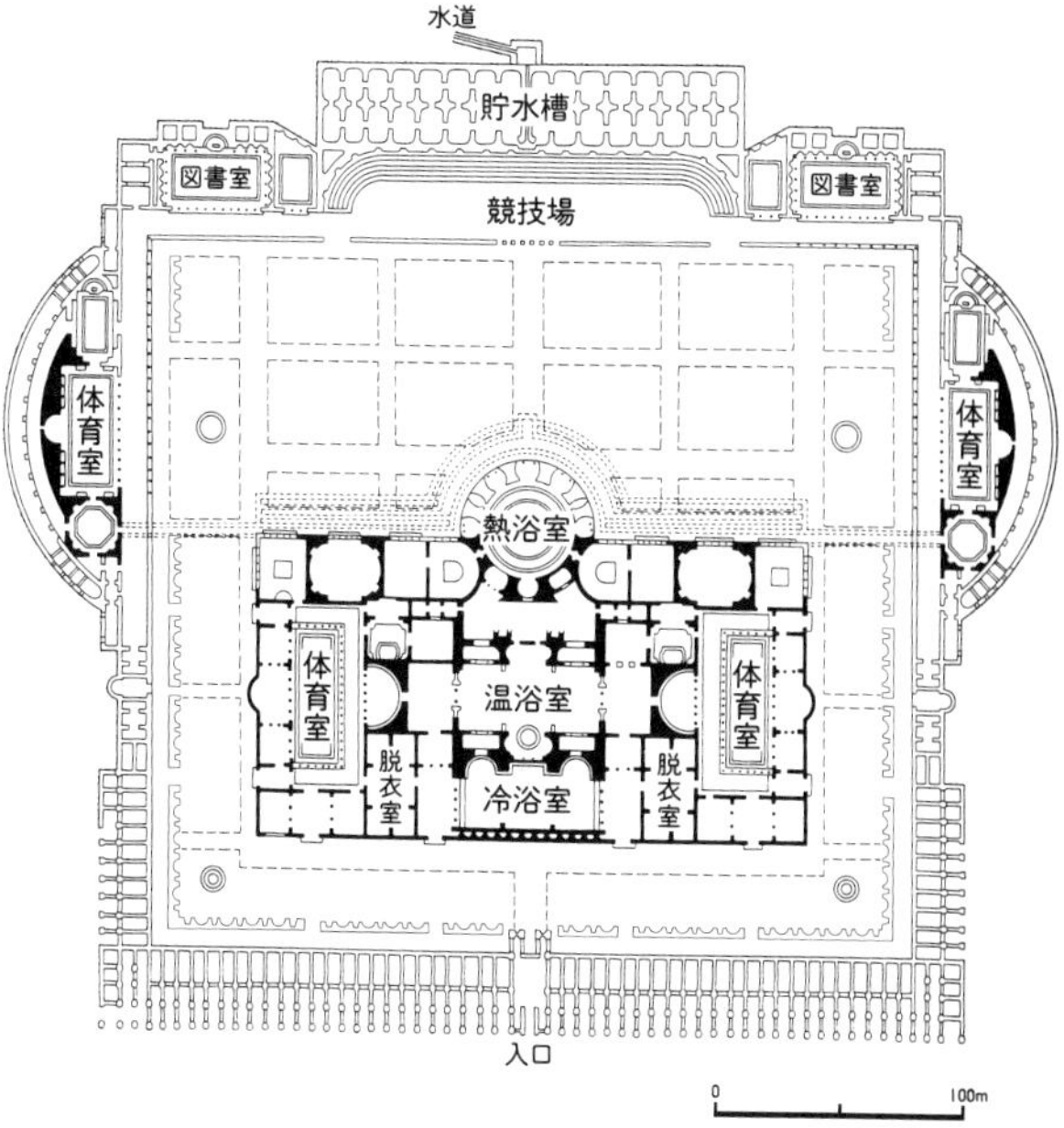

　ローマ人と日本人の共通項の第三には、部屋の内装をあげることができる。西欧のローマ研究者の一人は、次のように言っているという。古代のローマ人が現代のヨーロッパの家を訪ねたら、あまりの家具の多さに物置かと思うだろう、と。ローマ人の家では寝室でさえも、寝台に椅子に長持ぐらいしか置いていない。その代わりというのか、床は大理石かタイルのモザイクで張られ、壁には田園風景から

神話の物語までが遠近法を使って描かれていたのだ。家具は少なくても襖絵《ふすまえ》や畳の縁には凝る、日本の家を思い出しませんか。

　第四の共通項は、肉より魚を好んだ点にあると思う。牛は農耕用、馬は運搬用であったので、ローマ人が食する肉は豚やにわとりその他にかぎられていたのだが、チーズは多く食べても主食は小麦を使ったパンかポタージュ。ローマ人は、北ヨーロッパの人々とちがって、肉食民族ではなかったのだ。遠征中に補給が途絶え、やむをえず肉を食べたという記録があるくらいで、可能ならば肉よりも魚を選ぶ民族だった。

　ただし、富裕者や魚商人が作らせた生簀《いけす》でも、ローマ人の手にかかると、大規模で合理的で恒久的な施設になってしまうのが愉快なところだが、魚の値段を調べていると、高価なのはやはり白身の魚で、二千年過ぎようと人間の嗜好が変化しないのには笑ってしまう。現代の欧米人があまり好まない烏賊《いか》や蛸《たこ》、それに鰻《うなぎ》も大好きだったのが古代のローマ人だった。

　ローマを共和政から帝政に移行させようとし、それがためにブルータスとその一派に殺されてしまうことになるユリウス・カエサルが、独裁官《ディクタトル》に就任して行った数多くの改革の中に、魚屋以外には生簀で魚を飼うことを禁じた法があった。当時はちょっとした金持でも自宅に生簀を備えるのが流行っていたのだが、カエサルはこの現象を、民心に悪影響を与える度を越えた贅沢と見なしたからだ。おかげで、新鮮な魚を食べたければ魚屋に走るしかなくなった一人が、当時最高の弁護士でもあり哲学者でもあったキケロだった。このキケロは、ギリシアに住む親友にあてて、次のような手紙を書いている。

――この頃ではことのほか下痢気味だ。例の法律で、魚が食えなくなって野菜ばかり食っている。――

アーチ

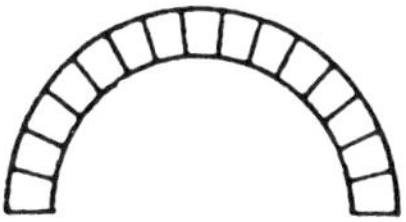

ヴォールト

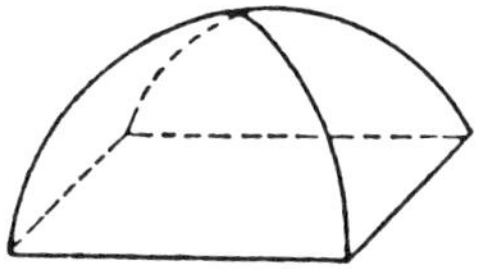

ローマ人と日本人の共通点の第五は、現代風にいえば、企業化の才能、としてよいかもしれない。舗装された道路は、ローマ人が登場する以前にすでに、単線ならば存在した。しかし、それをネットワーク化すれば効果が格段に向上することに気づき、それを帝国全域に張りめぐらせたのはローマ人です。アーチもヴォールト（曲面天井）も、発明したのはエトルリア民族。

だが、それらの原理を発展させることで、建築の様式を一変させたのはローマ人。エジプトやギリシアの学者たちが究めた天文学や数学の成果を活用して、人間の日常生活のリズムの一定に役立つ暦《こよみ》、つまりカレンダーを作成したのもローマ人だった。

基礎的な発見や発明ならば、ギリシア民族によって成されたものの数は絶対に多い。だがそれらを、多くの人々が利益を享受できる〈文明〉にまで発展させたのはローマ人だ。ノーベル賞受賞者の数が少ないというのが日本人の欠点ならば、同じたぐいの批判をローマ人もまた受けたにちがいない。

ただし、ローマ人の手にかかると、〈企業化〉の過程でもやはり〈ローマ的〉になる。それがどのようなものかを、ローマ文明を母胎と思う欧米人の一人に代弁してもらおうと思う。Will Durant 著の『皇帝とキリスト』からの引用だが、著者の想定する読者は、当然のことながら日本人ではなく、著者の同胞である英語圏の人であることは言うまでもない。

――ローマ人が、青少年の教育に必要な学科の一つ一つを考え出したのではない。だが、それらを取捨選択し、今日にまで通用する教育課目としてまとめあげたのは彼らである。

アーチもヴォールトも円屋根も、ローマ人が発明したのではない。ただしこれらを、以前には考えられなかった、そして今日でも到達できていない大胆さと壮麗な規模で活かしたのは彼らである。中世の壮大な教会建築でも、古代ローマ建築の弟子にすぎなかった。

肖像彫刻も、ローマ人がはじめたのではない。しかし彼らの手にかかると、ギリシア人の理想主義には欠けていた、現実に生きる人間の強さも弱さも表現されるようになったのである。

哲学も、ローマ人の発明ではない。だが、ギリシア人の手になったエピクロス派やストア派の哲学が、現実の人間とも無縁でないことをわからせてくれたのは、ローマの哲学者のルクレティウスやセネカである。

文学にふくまれる種々の形式もまた、ローマ人の発明によるのではない。しかし、散文の分野におけるキケロやカエサルの影響、ダンテやタッソーやミルトンに対してのヴェルギリウスの影響、歴史書を書くうえでのリヴィウスやタキトゥスの影響、ドライデンやスウィフトにとってのホラティウスやユヴェナリスの影響を無視することは、誰であろうと不可能である。

そして、ローマ人の言語であったラテン語は、イタリア語、フランス語、スペイン語、ポルトガル語、ルーマニア語の〈母〉になっただけではなく、十八世紀までのヨーロッパでは公用語でさえあった。またその他でも、学問や文化からはじまって植物学や動物学に至るまで、キリスト教会での使用言語から医者が処方箋を書く際の用語まで、そして法体系の創始者であるローマ人ゆえに当然の法律用語に至るまで、ラテン語を語源にした言葉を使わないでは文章を書くことすらできない状態では、少しも変わっていないのだ。ラテン語圏には属していない英語にさえもローマ人の言語は侵入しており、それがわれわれの言語を、より豊かにより深くするのに役立ってきた。

これらはすべてわれわれが受け継いだ〈ローマ人の遺産〉であり、現代に生きる人々でも、無意識にせよ一日に何回となくふれ合っているものなのである。——」

「温泉好きで魚好きとわかって格差も縮小したかと思っていたのに、やっぱりローマ人はスゴイと、またも気が落ちこんでしまいそうです」

「心配することはありませんよ。欧米人でもローマ人との間に格差を感じていたから、このように書いたのだから。それに、格差を意識することは、劣等感をいだくこととは同じではない。向上心を刺激されることでもある。世界の覇者と自他ともに任じていた時代のイギリスのエリートたちも、そのように考えていたのではないだろうか」

質問7　〈パクス・ロマーナ〉とは何であったのか

「パクス・ブリタニカでも、つい先頃まではいわれていたパクス・アメリカーナでも、また最近になって口にされるようになったパクス・シーナでも、古代ローマのパクス・ロマーナを意識した呼びかたですよね。それで、このパクス・ロマーナとは何であったのかを、具体的に説明していただきたいのですが……」

「簡単には説明しきれない問題だが、歩くきみの前に一つ一つ敷石を置いていくつもりで話してみよう。まずはＰＡＸ《パクス》（平和）の定義から。

平和は誰もが望んでいると思っているだろうが、誰もが望んでいるのならば戦争なんて起らないはず。ところが、人類の歴史は戦争の歴史としてもよいくらいに、戦争はいっこうに姿を消してくれない。ということは、平和を望んでいる人々がいる一方で、望んでいない人々も常にいたということになる。つまり、平和には意外にも利己的な面があるということだね。

それで、利己的な面から眼をそらすことなく〈平和〉を直視すれば、個人でなく部族や民族や国家のような共同体規模の〈平和〉を直視するとすれば、平和を望む想いには大別して二つあるということがわかってくるにちがいない。

第一は、経済活動を主としているために、それが活動しやすい情況ということで平和を望む。

第二は、防衛に適した地域までの制覇は完了したので、以後は平和を国家政策とする。

第二の典型がローマであったのはいうまでもないだろう。共和政時代には攻勢一方であったローマも、帝政に移行して以後は、ある意味では守勢ではある〈パクス〉をモットーにするように変わったのだから。

かつてはローマの防衛基地の一つであったオーストリアの首都ウィーンで、面白い想像図を見たことがある。獣の皮を身にまとい、弓矢を手にしただけの姿で河岸に立つ男を、その背後から描いたもので、男の眼はドナウ河の対岸でピクニック中のきちんとした身なりの男女の群れにそそがれている。今のところは遠くから眺めているだけだが、食べる物がなくなったときはどうなるか。平和とは、持てる者にとってのみ最高の価値があるということを、この図はわたしに教えてくれたのだった。

というわけで、平和主義者にまかせておくには重要すぎる〈平和〉である以上、その確立と維持には冷徹な戦略を欠くわけにはいかない。帝政に移行して以降のローマ人は、地中海を中心として西は大西洋、北はライン河とドナウ河、東はユーフラテス河、南はサハラ沙漠までをローマ世界と定め、その自分たちの帝国には〈パクス・ロマーナ〉(ローマによる平和)を確立し維持することを、政治の基本方針としていた。これらの防衛線に沿って、時代によって少々の変動はあるにせよ、二十五個から三十個の軍団が配置されていた。一個軍団は六千兵で構成されているので、ローマ市民権所有者であることが条件のこの主戦力は、十五万から十八万であったことになる。ちなみにこの数は、現代西欧の強国の陸軍力と比べてもはるかに少ない。

それでいてローマ帝国の防衛線は、ヨーロッパと中近東と北アフリカにまたがっていたのだ。いかに精鋭で固めようとも、これだけでは不充分なことは明らか。食べていけなくなるや大挙して襲ってくる蛮族は、ライン河前線だけでも常に万単位であったのだから。

それでローマは、ローマ市民権をもたない属州民の志願兵で組織された補助部隊を、主戦力である軍団に付属させるシステムを考え出す。補助兵の数は軍団兵の数を越えないと決まっていたので、主戦力と非主戦力を合わせても、〈パクス・ロマーナ〉の維持を軍事面で担当していたのは、三十万前後であったということになる。この程度の戦力でも可能であったのは、軍団の敏速な移動のために敷設した、ローマ式の街道網が機能していたからだった。有名なローマ街道は、もともとは軍用道路として誕生したのだから。

ローマの主要街道網

①サラーリア街道　②ラティーナ街道　③アッピア街道　④ヴァレリウス街道　⑤クロディウス街道　⑥カエキリア街道　⑦旧アウレリア街道　⑧ミヌーチア街道　⑨フラミニア街道　⑩エミーリア街道　⑪カッシア街道　⑫アンニア街道　⑬ポストゥーミア街道　⑭ポピーリア街道　⑮新アウレリア街道　⑯エミーリア・スカウリ街道

ちなみに、ローマ市民でない補助兵でも、二十五年の兵役を終えた後には、帝国の安全保障に力をつくしたことへの〝退職金〟として、ローマ市民権が与えられることも決まっていた。ローマ人の考えた市民権とは、〈志《こころざし》〉をともにする人と共有する待遇であったので、初代皇帝アウグストゥスの定めたこの政策に、反対する理由はなかったのだ。

とはいえ、平和とは、外敵の防衛に成功しさえすれば達成できるというほど単純なものではない。国内でも平和を確立し、その長期の維持にも成功しなければ、世界秩序ないし文明としての〈パクス〉とは言えなくなる。

それでローマは、防衛努力にも劣らない気配りを、帝国の内部の安定に対しても払ってきたのだった。なぜなら、ローマ帝国とは、征服するたびに加えた多くの人種や民族も併合した、一大多民族国家であったのだから。帝国内安定策の具体例を幾つかあげてみれば……。

第一に、十パーセントの属州税をはじめとする他の各税の率を従来のどの国の水準も越えることのないように法律で定め、しかも納税者にとっては重税感の原因になっていた、不定期の税を全廃したのだ。そして、徴税も可能なかぎり公正を期するよう努める。悪政を行った属州総督に対しては、任期終了後という条件はあったにせよ、属州民には告発する権利が認められていたのだ。属州民の権利の保護のために首都ローマの法廷に立つ役割は、元老院議員でもあるのが常のオラトール（弁護士）が務め、弁護料も一万セステルティウスを越えてはならないと、法律で決まっていた。ちなみに一万セステルティウスとは、紀元一世紀末のドミティアヌス帝による値上げ以降ならば、一兵卒の給料の八カ月分に相当する額。

国内安定策の第二は、帝国内の経済力を向上させることだった。

それには、帝国の基軸通貨であるローマ通貨が安定していることが不可欠。紙幣の存在しない時代、通貨の安定とはまず、金貨、銀貨、銅貨ともに、額面価値と素材価値の一致を意味していた。ローマ経済圏の外にあったインドでも、ローマの通貨が多く発見されている。香料や真珠や絹を売った代金として受けとったということは、通貨として信用されていたということ。ローマ帝国の通貨制度を確立したアウグストゥス帝以降でも、皇帝たちの多くが通貨の信用維持に努力している事実が、この一事の重要性をローマ人が認識していたことの証しと思ってよいだろう。

経済力の向上を目的とした政策の第二は、結論を先にいえば、実質上の減税だった。関税を徴収する税関を、あの広大な帝国全域で、わずか十カ所程度におさえている。ローマによる制覇以前は、現代のフランスに相当する地方だけでも百近くの部族が割拠し、それぞれが勝手に通行料をとっていたのだから、輸出入業者にすれば、ローマ領になってからのほうが出費が減る。しかも、経済圏は帝国全域に広がったために、各地の物産の流通も盛んになり、消費力も増大する。帝国全域における物産の流通を促進したのが、ローマ街道網の普及と治安の徹底だった。

　軍用が目的である以上、ローマ式の街道とは、地勢が許すかぎり直線に平坦につくられている。幹線ともなれば、全線舗装。橋でさえもローマ人がつくると、道路の延長線上につくってしまう。重い攻城兵器や多量の兵糧の運搬をともなう軍団の移動に、適するようにつくったからだが、当時の高速道路としてもよいローマ式街道では、曲がりくねった細い泥の道を、谷間に降りたり登ったりして行軍するのに比べれば、時間も労苦も格段に軽減できたはず。なにしろ、そうなるように作ったのだから。

　そして、ある目的を完璧に達成できるものは、他の目的にも完全に転用可能になる。軍用道路として完璧だったローマ街道は、民用道路としても完全に機能した。直線で平坦であれば、荷車により多くの荷を積めるようにもなる。水はけもよいように作ってあるから、雨が降ってもぬかるみにはならない。そうなれば、物産の流通量も増大する。しかも、ローマ時代の高速道路の通行料はタダ。これらのすべての条件が帝国内の経済活動の活性化に寄与したことは、想像も容易だろう。

とはいえ、地方ごとの物産が互いに流通できる環境が成立し、流通に必要なインフラが整備されても、途中で山賊や海賊に襲われたのでは元も子もない。それでローマの中央政府は、帝国全域においても徹底した治安維持に努めたのだった。ローマ人の考える重罪人への刑罰とは、闘技場に引き出して円木に縛りつけ、観衆の見守る中で猛獣の餌食にすることだったが、この極刑に処されたのは、後世が信じこんでいるようなキリスト教徒ではなく、紀元三世紀半ばまでならば確実に、山賊や海賊たちであったのだ。街道を行くのにも、平均して十五から二十キロの距離にある宿駅ごとにつめている警備兵が、人や物資や郵便の安全を守るシステムになっていた。国内でも安全でなければ、〈パクス〉（平和）とは言えないのだから。

ローマ帝国の初代皇帝であったアウグストゥスに関するエピソードを紹介するが、それを見れば、〈パクス・ロマーナ〉つまり〈ローマによる平和〉とは、一般の人々にとって何であったかがわかってもらえると思う。

――死の少し前のアウグストゥスが、ナポリ湾の周遊中に立ち寄ったポッツォーリでの出来事である。エジプトのアレクサンドリアから着いたばかりの商船の乗客や船乗りたちが、近くに錨を降ろしている船の上で休んでいた老皇帝を認めたのだった。船上から人々は、まるで合唱でもするかのように、声をそろえて皇帝に向って叫んだ。

『あなたのおかげです、われわれの生活が成り立つのも。
あなたのおかげです、わたしたちが安全に旅をできるのも。
あなたのおかげです、われわれが自由で平和に生きていけるのも』――。

パクス・ロマーナの確立に努めたアウグストゥスにとっては、何よりも嬉しかった讃辞であったろう」

「なるほど、ローマ人は広大な帝国にローマによる平和を確立し維持していくのに、安全保障と生活水準の向上に努めることで成功したというわけですね」

「いや、それだけで終らなかったところがローマ的なのだ。人間はパンのみにて生きるにあらず、という格言もあることだし。

ローマ人は、帝国の統治運営に必要な人材を、本国のイタリア生れに限定せずに、属州出身者からも広く登用しつづける。人種も宗教も肌の色も無関係に。

『ガンジー』と題した映画を観ていたとき、考え込まざるをえなかったね。もしもガンジーのような人物がローマ帝国に生れていたら、どうであったろうかと。

彼ほどの才能のある属州民ならばほぼ確実に、現代ならば国籍であるローマ市民権を与えられるだけでなく、現代の国会としてもよい元老院に議席を与えられていただろう。そして、元老院議員間の選挙で決まる中央政府の要職を幾つか経験した後で、インド総督に任命される。軍司令官も兼ねる総督の任務を立派に果した後は本国に帰任し、一年が任期とはいえ首相《プライム・ミニスター》に似ていなくもない二人の執政官《コンスル》の一人に選出される。その後も、終身の大統領としてもよい皇帝の信頼置ける協力者として、外交、軍事、内政、経済のすべての面で、帝国政治の中枢にありつづける。

これは属州出身者における昇進の最高例だが、孤立した例外ではなく、属州民の英才の前には広く開かれていた道だった。そうなればガンジーも、インドの独立に情熱を傾けるよりも、大英帝国の存続のほうに情熱を傾けたかもしれない。ギボンと並ぶ、というよりギボンを越えたとしたほうが適切かもしれないローマ史研究の権威であるドイツ人のモムゼンは、次のように言っている。ローマ人が他民族を支配したのではなく、他民族をローマ人にしてしまったのだ、と。

しかし、この国策は、はじめからローマ人すべてのコンセンサスを獲得していたわけではない。たとえ優秀な人材でも他民族出身者を登用すれば、本国出身のローマ人の登用がそれだけ減ることになるのだから。この、言ってみれば鎖国路線の、言論面でのリーダーはキケロ、行動面でのリーダーがブルータス。一方、開国路線を強行したのが、自分が征服したガリアの有力部族長たちさえ元老院の議員にしてしまったユリウス・カエサル。ローマの民衆も、昨日の敵が元老院の議席に坐っているのには驚き、とは言っても最高権力者カエサルが断行したことゆえに文句も言えず、次のように笑い話にするしかなかったのだった。

『元老院の会議場への道順をたずねた、元老院議員がいるんだからね』
『ラテン語もおぼつかない議員様を、われわれローマ市民は持ったってわけだ』
『トーガをまとっても、その下にはズボンをはかないではいられないらしいよ』

トーガはローマ人の服装で、ズボンは北ヨーロッパの民であるガリア人の常の服であったのです。

シェークスピア作の『ジュリアス・シーザー』でも有名なブルータスとその同志たちによるカエサル暗殺は、ユリウス・カエサルの独裁に反対するためであったなどという、低次元の話ではない。以後のローマはどの方向に進むべきかという、国家の基本方針をめぐっての対立が真の原因だった。本国が属州を支配すべきとするブルータスと、ローマ人の帝国は属州までもふくめた運命共同体となるべきと考えた、カエサルの対決だったのだ。

カエサルは殺されるが、彼の考えは後継者のアウグストゥスに引き継がれる。仮にブルータスが勝利者になっていたら、ローマもまた後代の帝国主義国家と同じ形の帝国になっていたかもしれない。アイルランドを同化するよりも、アイルランドを支配したイギリスのように。それが、カエサル・アウグストゥス路線の勝利で終ったために、その結果生れたローマ帝国は、大英帝国が典型の民族帝国ではなく、普遍帝国になっていったのです。

アレクサンダー大王の夢が普遍帝国の創設にあったことは知られた事実だが、この夢の実現に着手する前に死ぬしかなかった若い天才とローマ帝国の双方を視界に入れでもしたのか、フランスの作家ユルスナルも『ハドリアヌス帝の回想』の中で述べている。

アレクサンダーの嫡子は、この若きギリシアの王がペルシアの王女に産ませた子などではなく、ローマ人のユリウス・カエサルであった、と。

プルタルコス（英語ではプルタークの『英雄伝』は、ギリシア側一人とローマ側の一人を対比しながら叙述した作品だが、アレクサンダーに対するのはカエサルです。プルタークも、この組み合わせ以外は考えられなかったのかも。

これ一つでもわかるように、〈パクス・ロマーナ〉も、安全保障上の命題を越えた一つの文明なのだ。それを後世の人々が、活かせたか否かは別にしても」

質問8　ローマの皇帝たちについて

「ローマの皇帝たちは、どのような日常を送っていたのでしょうか。ハリウッド製の映画では、乱痴気騒ぎの宴会か、コロッセウムの貴賓席から剣闘士たちの残酷な試合を観戦するか、キリスト教徒たちを殺せと命ずる姿ぐらいでしか紹介されていないのですが」

　こうも幼稚な質問をされては苦笑するしかなかったらしいローマ人だが、それでも遠国からの訪問者である私に対して、親切に答えてくれるのだった。


「まず頭に置いていてほしいのは、ハリウッドの映画界を牛耳っているのはユダヤ系かキリスト教徒であることだ。この二教徒にとっては昔から、ローマ帝国は敵でしかなかった。第二次大戦の敗者ドイツと日本があいも変わらず悪玉にされているのに似て、ローマ帝国は、キリスト教が勝利してからの一千七百年間、西欧史上の悪玉でありつづけたのだ。

　第二は、マスメディアの性質にある。テレビで観るアメリカ合衆国の大統領は、手を振っているか笑っているか、演説をしているかゴルフをしているか、野球かアメフトを観戦しているかだろう。しかし、テレビが映すことだけをしていて、世界最高の権力者が勤まるはずはない。それでいて、各部門の責任者から報告を受け、彼らと議論し合い、そして一人で決断をくだすときの大統領は、われわれの眼にはふれない。

歴史上の報道関係者としてもよい年代記作者でも、犬が人にかみついたのでは報道しないが、人が犬にかみついたのなら報道するといわれる現代のマスメディアと、さして変わりはない。なぜなら、まじめに任務を遂行しつづける統治者では当然すぎて、大衆の好奇心を刺激する存在にはならないから。

そして第三は、大衆心理学としてもよい理由によるのかもしれない。人間とは、自分と同じならば親近感はいだくが、それだけでは遅かれ早かれ飽きてしまう。自分ではやりたくてもやれないことをしてくれる人に、憧れるものなのだ。ただし、スキャンダルまみれになろうと支持し憧れるのは高位の人か有名人であって、自分と同水準の人がそれをやったのでは許せず非難を浴びせかけるのだから、大衆の心理も複雑だね。

ローマ帝国の歴代皇帝の中で最も評判が悪かったのはカリグラとネロだが、批判したのは彼らの皇帝としての能力を評価できたローマ社会のエリートたちで、庶民の間では二人とも人気が高かった。それは、二人ともが初代皇帝アウグストゥスの血筋という〈貴種〉であったこと。それに加えて、カリグラは二十代半ば、ネロは十代の後半に即位するという具合で、若き皇帝であったこと。大衆は常に〈貴種〉と若者には甘いものだ。

最後の理由は、この二人の皇帝がやったという悪事が、いかにもローマ帝国の皇帝らし

ネロ

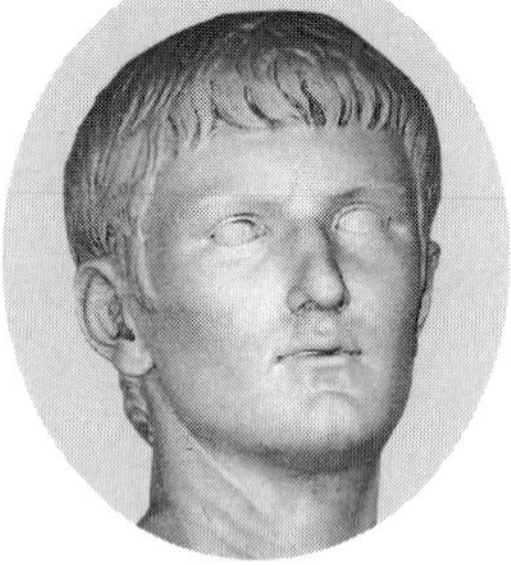
カリグラ

く大規模であったこと。おかげで、二千年後の映画の格好の材料にされてしまうのだけど」
「しかし、後世が非難する皇帝はこの二人にかぎりませんよ」
「まったく、キリスト教を公認したがゆえに後世から大帝と呼ばれることになるコンスタンティヌス帝以前に話を限定するにしても、その間の三百三十年を統治した皇帝たちの中で後世が合格点を与えるのは、初代のアウグストゥスに五賢帝と呼ばれた五人の計六人ぐらいしかいない。統治期間ならば百三十年ほどになり、残りの二百年は悪帝ばかりであったということになる。ところが、発掘した人骨の研究によれば、ローマ帝国盛期の体格にもどるのは、中世の一千年を経た後のルネサンス盛期になってからなのだ。体格は生活水準の反映でもある。ローマ時代の部屋が広々としているのに中世の部屋は狭いのは、そこに住む人の体位に適合するように造られたからだろう。そして、体格の良かったローマ人が生きていた時代の半ば以上は、悪帝とされる人々が統治していた時代だったのですよ」

「しかし、ローマの皇帝は終身であり、権力は必ず人間を腐敗させると言われています。それゆえか、皇帝たちの多くが暗殺されている。このローマ帝国に対しては、ユダヤ教徒やキリスト教徒ならずとも非難するのは当然ではないでしょうか」

「政治の安定は、人間活動を効率よく進めるための基本条件の一つではある。ゆえに、いかなる時代もその時代に合った政局安定策を探し求める。ローマ帝国の青写真を引いたユリウス・カエサルの考えたのが、共和政時代のローマには存在しなかった、最高権力者の終身制でした。

帝政時代の史家スヴェトニウスも、著作の『皇帝伝』を初代皇帝のアウグストゥスからではなく、終身独裁官には就任しても皇帝は名乗らなかったカエサルから書きはじめている。実質上の帝政の創始者はユリウス・カエサルであったと、ローマ人自身が考えていたからだろう。

とはいえ、都市国家として誕生したローマの主権者は、有識者代表という感じの元老院と、市民であったことでは、共和政下でも帝政移行後も変わりはなかった。現代式に考えれば主権在民で、ローマ帝国の主権者は皇帝ではなかった。皇帝は市民の中の第一人者にすぎなく、国家の統治を、主権者である元老院と市民から依託された存在にすぎなかった。S・P・Q・Rとはローマを表わす記号だが、これはSenatus Populus Que Romanusの略字で、ローマ元老院並びに市民、の意味です。これには、第一人者を意味するPrinceps のPもなければ、皇帝を意味するImperator のIもない。

それがために、ローマ社会のエリートの集まりでもある元老院が免職決議でも採決しようものなら、また市民たちがコロッセウムで激しいブーイングを浴びせたり、これまた有権者集団であるローマ軍団が忠誠宣誓を拒否でもしようものなら、昨日までの皇帝でもたちまちタダの人になってしまう。それがローマの帝政の現実の姿だったのです。

とはいっても、いつも都合よくチェック機能が働いたわけではない。皇帝たちも、そのような事態にならないように力をつくしていたからだが、結局、ローマ帝国の権力のチェックは、皇帝の暗殺に頼るしかなくなった」

「しかし、暗殺が多すぎます」

「チェック機能を暗殺に頼らないでもすむようにと、後代は選挙制を採用したのだが、それで権力者暗殺が消え失せたろうか。次の選挙まで待てないと思うのか、それとも選挙によるチェック機能を信じていないのか、現代でも政治暗殺は絶えないではありませんか。

　わたしは、ローマ時代がすべて良くて後代がすべて悪い、と言っているのではない。後代がすべて良くてローマ時代はすべて悪い、とする考え方には同調できないだけなのです」

質問9　市民とは、そして市民権とは何か

「ここはどうやら、市民とは何かをはっきりさせておかないと、話も進まなくなるようですね」

「市民とは、国政参加の権利をもち、国の防衛の義務を負う存在だ。とはいえ、いずれも古代に栄えた文明でありながら、また都市国家という国体でも似ていながら、ギリシア人とローマ人では、市民ないし市民権に対する考え方が正反対としてもよいくらいにちがっていた。

ギリシアには多くの都市国家が併立していたので、最も強力で最も有名なアテネを例にとることにするが、アテネ人の考えた〈市民〉とは、アテネの領内で両親ともがアテネ人の間に生れた人間だけを意味していた。アテネの黄金時代を築いた大政治家ペリクレスも、二度目の結婚の相手がミレトス生れの女であったので、この二人の間に生れた息子はアテネ市民ではないということになってしまい、それまでの彼の功績に報いるという理由で特例あつかいにしてもらった結果、ようやく息子は市民権を得ることができたくらいなのだ。

両親ともがアテネ生れのソクラテスはアテネ市民権の所有者だったが、マケドニア生れのアリストテレスは、リュケイオンと呼ばれた学校を創設したりしてアテネ文化の向上に寄与していながら、市民権さえも与えられなかった。市民であるソクラテスは、悪法であろうと法である、と言って死刑の毒杯をあおるが、アリストテレスのほうは、さっさと逃げてしまう。アテネ市民ではない彼には、アテネの法に殉ずる義務はなかったのだから。

アテネ社会がなぜこうも閉鎖的であったかというと、それはアテネが民主政体を採用していたからだ。民主政とは、有権者の全員が平等でなければ成り立たない。ところが、受け容れた他国の人にもただちに平等な権利を与えたのでは、既存の人々の反撥を買ってしまい、いずれは社会不安の源になることは眼に見えている。とはいっても民主政を布《し》くかぎり、市民は平等でなければならない。このアテネでは、鎖国路線を選ぶしかなかったのだ。

ソクラテスには、アテネの軍隊での従軍経験がある。アリストテレスには、それがない。これもまた、アリストテレスにはアテネ市民権が与えられていなかった、という証拠だ。アテネの外港ピレウスの船着場で働く肉体労働者も一票をもつ市民なのに、西洋思想史の巨峰アリストテレスでもアテネでは、異邦人でありつづけた。いずれもギリシア語を話すギリシア民族に属しながら、スパルタやコリント生れにはアテネ市民権は閉ざされており、アテネ生れの人も、スパルタやコリント市民にはなれなかったのがギリシアだった。このギリシアから、普遍帝国を夢見たアレクサンダー大王が出現するのは、民主政を採用する都市国家の限界を悟ったからではなかったか、とさえ考えてしまう。

一方、ローマ人のほうは、市民ないし市民権を、アテネ人とはまったく反対に考えていた。アテネ人の考える市民が〈血〉であれば、ローマ人の考える市民とは、〈志《こころざし》をともにする者〉としてよいかもしれない。

『英雄伝』の著者でギリシア人だったプルタルコスは、ローマ興隆の要因を、敗者でさえも自分たちと同化する彼らの生き方にある、と断言している。ローマ人は建国初期の王政時代からすでに、征服した部族は皆殺しにせず、有力者には元老院の議席を提供したりして同化する傾向が強かった。ユリウス・カエサルをはじめとするローマの支配階級の多くは、敗者の子孫。敗者でさえも同化が可能であったのは、国家ローマを守り立てるという〈志〉を共有しさえすれば、敗者でも同志に変わりえたからだった。そして〈同化〉とは、市民権を共有することであったのだ。

カエサルが、自ら征服したガリアの部族長たちを元老院に入れたのも、医療や教育に従事する者ならば、被征服民族であろうと肌の色が異なろうと関係なくローマ市民権を与えたのも、またアウグストゥスが、軍団兵を補助する属州民の兵士たちに、二十五年の兵役を勤めあげればローマ市民権を与えたのも、このアウグストゥスにつづいた歴代の皇帝たちが、いずれも帝国全域からの人材の登用に積極的であったのも、すべては王政時代から存在していたローマ人のこの伝統に忠実であったにすぎない。かえって、スペインやフランス生れの人材を登用し、この人々にローマ市民権を与えたり元老院議員にしたカエサルに反対したキケロやブルータスのほうが、ローマ人の開放的な伝統に反していた、ということさえできる。カエサル路線の再興の法制化を求める、皇帝クラウディウスの演説に至っては感動的でさえありますよ。

クラウディウスは、ガリア人の有力者たちに議席を与えることに反対する元老院議員たちを前に、次のような演説をしたのだった。

――スパルタ人もアテネ人も、戦場ではあれほども強かったのに短期の繁栄しか享受できなかった。その主因は、かつての敵でも自国の市民と同化させようとせず、いつまでも異邦人として閉め出すやり方をつづけたからである。しかし、われらがローマの建国者ロムルスは、賢明にも、ギリシア人とは反対のやり方を選択した。年来の敵も、敗れた後は市民に加えたのだ。

元老院議員諸君、われわれが古来からの伝統と思いこんでいる事柄とて、それが成された当初はすべてが新しかったのだ。国家の要職も、長く貴族が独占していたのがローマ在住の平民に開放され、次いでローマの外に住むラティーナ人に、さらにイタリア半島に住む人々にと、門戸開放の波は広がっていったのである。

議員諸君、今われわれが態度表明を迫られているガリア人への門戸開放も、いずれはローマの伝統の一つになるのだ。――」

「しかし、市民権をこうも大盤振舞いしたのでは、親代々のローマ市民たちからの反撥は当然で、ブルータスの敗北ぐらいで消え去るはずはないと思いますが」

「ローマは、市民ならば全員平等のアテネとはちがっても、階級社会ではあったのだ。双方の社会を比べてみると、

アテネ＝市民、他国人、奴隷

ローマ＝元老院階級、騎士階級、市民、属州民、解放奴隷、奴隷

となるけれど、ローマでは階級が分れていただけでなく、階級間の流動性も高かった。

つまり、平等を大前提としなかったがゆえに、かえって階級間の流動性が高まったのだ。

人間世界で悪なのは、格差が存在することではない。格差が固定してしまうことなのだ。ローマはそうではなかった。元老院議員の少なくない部分が、属州民か解放奴隷を祖先にもつと言われたくらいだから。

それに加えて、ローマ建国の祖とされている初代の王ロムルスが創設した元老院では、王政から共和政に移行した紀元前五〇九年以降も変わりなく、議場での発言は次の一句ではじめるのが慣例になっていた。

〈パートレス・コンスクリプティ〉、意訳すれば〈元老院議員諸君〉となるが、直訳すれば〈建国の父たちよ、そして新たに参入した人々よ〉となる。

有力者を集めた元老院ですら、新参者に開放されていたという証拠だ。

平民たちの権利を守る役職であった護民官でさえも、一年の任期終了後には自動的に元老院議員になれた。労働組合の委員長が退任後に、役員会の一員になるのと同じこと。共和政時代のこの同化の伝統は、帝政になって以降はより広い規模で継承されていく。そして、紀元二一二年のカラカラ帝による、ローマ帝国在住の自由民全員にローマ市民権を与えるとした法令につながっていく。市民の概念においては、ギリシア人は閉鎖的でローマ人は開放的であった、とするしかないではないか」

「それならば、このローマ人の開放性が、国家ローマの長命の要因にもなったのでしょうか」

「開国路線がその民族の長命につながるかどうかは、いちがいには言えない。指導層の純血主義を貫いて、ローマとほぼ同じ一千年の生命を保った、中世・ルネサンス時代のヴェネツィア共和国の例もあるのだから。それゆえに、鎖国か開国かは、長命か短命かの問題ではなく、いかなる国家にも訪れる衰退までの歳月をどのように生きるかの問題であると思う。

しかし、複数の覇権国の一つにすぎなかったヴェネツィア共和国と、唯一の覇権国であったローマ帝国を比較することはできない。だが、普遍帝国ローマにとってならば、開国路線は明らかに利益をもたらしたと思う。

第一は、新しき血を常に導入することで、活力を維持できたこと。王政時代の三百人の〈建国の父たち〉の中で七百年後のカエサル時代でも健在であったのは、カエサルの属すユリウス一門も加えた十四の家門（gens）にすぎなかったとされている。新参者を元老院に迎え入れるシステムなしには、共和政時代は三百人、帝政時代になると六百人が定員の元老院の議席を、埋めることさえも不可能であったろう。ましてや、広大な帝国を運営していくに必要な人材を、常に補充していくという難事に至ってはなおのこと。

第二は、支配される側にとっての利点だ。支配者ローマによって成された開国路線の成果は、帝国移行後百三十年にして、属州出身の皇帝を生むまでになる。それ以降もスペイン、南仏、北アフリカ、バルカン出身の皇帝の時代がつづく。これらの皇帝たちは、出身地に都市を建設する程度の利益誘導ならばした。だがこれ以外はすべて、出身地を強く意識する人としてではなく、ローマ人として考え行動したのです。

この傾向は、皇帝にかぎらない。数多くの公務担当者にも見られた傾向であることは、彼らが遺した発言が証明してくれる。何が彼らに、そのように思わせたのか。

植民地時代のインド人やエジプト人は、大英帝国の運命を荷《にな》っているとは思えなかったにちがいない。台湾や朝鮮の人々も、日本人と運命を共にしているとまでは考えなかったろう。ある民族が他の民族を支配するのが〈民族帝国〉であり、支配者と被支配者が渾然一体になって出来るのが〈普遍帝国〉です。この種の普遍帝国は後にも先にもローマ帝国しか存在しなかったことは、アメリカ人のハンチントンに言われるまでもなく、歴史上の事実でもある」

「なぜそれが、ローマ人にだけは可能だったのですか」

「ローマ人が、多神教の民であったからだろう」

「日本人も、多神教の民であることでは同じです」

「大日本帝国時代の日本人が、自分たちが多神教の民であることを忘れ、一神教の民が行ってきた帝国主義的やり方のまねに走ってしまったのが、日本の植民地統治の失敗の原因であったのでは？」

質問10 多神教と一神教との根元的なちがいについて

「こうなると、多神教と一神教のちがいについて質問しないわけにはいかなくなります。ギリシア・ローマの宗教は多神教で、ユダヤ教とキリスト教は、そして中世以降はイスラム教も加わりますが、これらの宗教は一神教ですが」

「両者のちがいは、神の数だけではない。本質的なちがいは、両者それぞれが、神をどう考えていたかにある。言い換えれば、どのような神を求めていたかのちがいなのです。

ギリシア・ローマの神々には、人間にどう生きるかを指示する役割はなく、自分で考えて努力しながら生きる人間をサポートするだけが役割だった。それゆえに完全無欠である必要もなく、また人間の願望が多様であるのを反映して、それぞれの面でサポートできるようにと、神の数も多くなったとさえ考えられる。

反対に、ユダヤ教や、それから派生したキリスト教の神は、人間に、どう生きるかを指示する存在だ。援助するのではなく、命令し、従わなければ罰を下す神です。一神教の神が完全無欠であるのは、不完全な人間を超越した存在であることが求められたからでしょう。

では、神が一つである場合と多数である場合はどうちがうのか。

確信犯的な無神論者は別として、多くの人々にとっての神は、その人の最も重要な何か、である場合が多い。それゆえに、その人の信仰する神を認めるということは、その人の存在を認めるということにつながってくる。ところが一神教にとっては、自分たちの信ずるのが神であって、他の人々の信ずる神は神ではない。認めたら一神教ではなくなるので、一神教者がこう考えるのも当然ではある。しかし、結果としては、宗教をともにしない人の存在は認めないということになりかねず、聖戦思想も十字軍精神も、一神教が介在する争いはすべて、一神教ゆえに不寛容にならざるをえないこの心情から発しているのです。神はわれらとともにある、と思えば、相手方にいるのは悪魔になってしまうのだから。

多神教ではこうはならない。争いはしても、双方に神がいる。ギリシアとトロイの戦争を描いたホメロスの叙事詩『イーリアス』では、神々も、ギリシア側を応援する派とトロイ側を応援する派に分れる。一神教では、このような文学作品は絶対に生れない。このギリシア人は、ゼウスをはじめとするオリンポスの十二神に神像を献ずるときも、神々の最後に必ず、いまだ知られざる神へ、と銘打った神像を置くことを忘れなかった。いまだ自分たちが知らない真理があるかもしれないと、彼らは考えていたからだ。真理の専有という思いあがりを捨てるよう説いたのが、ソクラテスの哲学でもありましたからね。

これがローマとなると、彼らの現実的で開放的な性向を反映して、神々の数も、ギリシアのような十二神プラス・アルファで済まなくなってしまう。最盛期には三十万にもなったというのだから、八《や》百万《およろず》の日本は別にすれば、多神教もここに極まれり、という感じ。

ではなぜ、こうも増えてしまったのか。

その理由の第一は、何であろうと神にしてしまったから。

貴族と平民の抗争が終結したときにはそれを記念して、融和を意味するコンコルディアを神格化し、都心中の都心のフォロ・ロマーノに神殿を建てるようなことは、ローマ人しかやらないことです。

また、偉大な功績をあげることで国家に益をもたらしたのが人間であっても、その人の神格化に抵抗感をいだかなかったこと。

建国の祖とされるロムルスはもちろんのこと、ユリウス・カエサルもアウグストゥスも、死後には〈神君〉と呼ばれるようになる。おかげで以後の皇帝たちも、悪帝と断罪されないかぎりは死後に神になるのが慣例になった。一神教ではとんでもないことだが、先祖を尊ぶ想いが強かったローマ人にしてみれば、ごく自然な方向でもあったのです。

そして、理由の第二は、征服した民族が信じていた神々も、自分たちの神々の列に加えてしまったこと。

理由の第二の説明に入る前に、ローマ人の神々の中でもとくに愉快な一例を紹介しておこう。多神教の神とは何かの理解も、愉しくやらねばなりません。なにしろ、人間に君臨する一神教の神とはちがって、多神教の神々は、人間のすぐそばにいる存在なのだから。きみの書いた『ローマ人の物語』の第一巻から引用すれば次のようになるけれど。

――ローマでは、守り神とはいっても、何もしない者まで守ってやるほどのめんどう見のよい神は意味しなかった。努力を惜しまない人間を側面から援助するのが、守護神のあるべき姿と思われていたからである。その愉快な例が、ヴィリプラカ女神だ。夫婦間の守護神とされていた。

夫と妻の間に、どこかの国では犬も食わないといわれる口論がはじまる。双方とも理《ことわり》は自分にあると思っているので、それを主張するのに声量もついついエスカレートする。黙ったら負けると思うから、相手に口を開かせないためにもしゃべりつづけることになる。こうなると相手も怒り心頭に発して、つい手が出る、となりそうなところを我慢して、二人して女神ヴィリプラカを祭る祠《ほこら》に出向くのである。

そこには女神の像があるだけで、神官も誰もいはしない。神々を祭る神殿から祠に至るまでの神所のすべてに神官を配置していたのでは、ローマの全人口を動員しても足りないからだが、女神の祠にはそれなりの決まりはあった。神々を信ずるローマ人は、監視役などいなくてもそれは守ったのである。ヴィリプラカ女神を前にしての決まりとは、女神に向って訴えるのは一時に一人と限る、であった。

こうなれば、やむをえずとはいえ、一方が訴えている間は他の一方は黙って聴くことになる。黙って聴きさえすれば、相手の言い分にも理がないわけではないことに気づいてくる。これを双方でくり返しているうちに、興奮していた声の調子も少しずつトーン・ダウンしてきて、ついには仲良く二人して祠を後にする、ことにもなりかねないのであった。

では、ローマ人の神々が、三十万にも増えてしまった第二の理由だが、二十世紀のローマ史学者の一人は、次のように言っている。

――ローマ人は、敗者にローマ市民権を与えるほど寛容だったが、敗者が信ずる神々に

カピトリーノの丘

ローマ時代の遺構の上に教会が建てられている

もローマ市民権を与えたのであった。

しかも、敗者の神々のうちでも重要な神には、カピトリーノの丘に神殿を建てることまで認めたのだから徹底していた。

ローマの七つの丘の一つのカピトリーノの丘とは、ギリシア人にとってのアクロポリスのような存在で、神々の住まいに捧げられていた地域。そのカピトリーノの丘の上に神殿（つまり住まい）を捧げられていたのは、ユピテル、ユノー、ミネルヴァの、ローマ人にとっての三主神だけではなかった。イシス、ミトラ、タニトの神々も、小ぶりではあっても住まいを与えられていたのだ。

まず、ユピテルのギリシア語読みはゼウス、ユノーはヘラ、ミネルヴァはアテネだから、これらはギリシア人にとっても神々になる。そしてイシスは、エジプト人の神。ミトラは、シリア人の神。タニトは、カルタゴ人の守護女神。カルタゴの主神はバールだが、幼児を犠牲に供する習慣があり、それがバール神を、人身御供を極度に嫌ったローマ人が受け容れなかった理由だった。

ギリシアから導入してローマ人の神にしてしまったユピテル、ユノー、ミネルヴァの三主神は別にしても、これ以外の神々はいずれも、ローマと戦争して敗北した民族の神々だ。そして、神々へのこのローマ市民権授与が有効であったのは、相手側も多神教徒であったから。もしもカピトリーノの丘の上に神殿を提供されたとしても、一神教のユダヤ教徒では、受けるわけにはいかなかったと思う。他の神々との共棲を受け容れようものなら、一神教ではなくなってしまうのだから。そして、一神教が勝利して以後は、他のすべての神々はカピトリーノから放逐される。現代のカピトリーノの丘に建っているのは、キリスト教の教会だけです」

質問11　ローマ法について

「どれほどローマ人を非難する人でも、法とは何かを明確にし、現代までつづく法治システムを創造したのがローマ人であることでは、異議をさしはさむことはできません。それで当のローマ人は、法というものをどう考えていたのかが知りたいのですが」

「比較するとわかりやすいと思うので、法についてのユダヤ人の考え方をまず先に検討してみよう。ユダヤ人にとっての法とは神が人間に与えた戒律であって、ユダヤ民族の憲法としてもよいのがモーゼの十戒。それは次の十項から成り立っている。

一、おまえはわたしの他に、何ものをも神としてはならない。（だからこそ、一神教）

二、おまえは自分のために、刻んだ像をつくり、それを崇拝してはならない。（偶像崇拝は否、ということ）

三、おまえは、おまえの神の名をみだりに唱えてはならない。（オー・マイ・ゴッドなどとは、口にしてはいけないということ）

四、安息日を覚えて、それを聖とせよ。（毎土曜日は、祈ること以外は何もしてはならない）

五、おまえの父と母を敬え。

六、殺してはならぬ。
七、姦淫してはならぬ。
八、盗んではならぬ。
九、隣人について、偽証してはならぬ。
十、隣人の家を、侵してはならぬ。

法律の専門家でなくても、一から四まではユダヤ教を信ずる者のみに通用可能、反対に五から十までは、人間ならばどの宗教を信じようと守るべきルール、ということがわかるだろう。ちなみに、一から四までの項を、ローマ人にあてはめてみたらどうなるかも考えてみた。

まず、何にでもどこにでも神は宿ると考え、自分たちの王や皇帝たちまで死後は神にし、征服して支配下に置くようになった民族の神々にまで〝市民権〟を与えてしまうローマ人にとって、第一の戒律ほど無縁なものはない。

また、神々の像にとどまらず祖先の像までつくらせ、それを毎朝おがんでから一日をはじめる習慣のあったローマ人には、偶像の崇拝にすぎないと非難されようが、第二の戒律も守られなかったろう。

そして、『しまった』と言う代わりに、『オー・ユピテル』とか『オー・ヘラクレス』とか叫ぶ癖のあったのがローマ人だ。それゆえに第三の戒律も、守るなんて非人間的、の一言で無視されたにちがいない。

安息日の厳守を定めた第四の戒律もまた、ローマ人には同意の余地はなかったと思う。ローマ人にとっての休日は、常の日にしている仕事はしないだけの日で、それ以外は何をやってもよかった日であるのだから。

では、ユダヤ教とは同じ一神教であるキリスト教と比べてみるとどうなるか。

キリスト教でも、偶像とは言わないまでも、イエスやマリアをはじめとして、数多《あまた》ある諸聖人の像でも崇拝は許されていた。

また、『オー・クリスト』とか、『オー・マイ・ゴッド』とかもやたらと口にする。ほんとうは禁じられているのだが、この禁を犯した全員を地獄に送りこんだのでは、地獄とて破裂してしまうだろう。そして、人間活動の各分野のサポートを神々の分担にしていたところが多神教の魅力であるのに気づいたキリスト教会は、一神教ゆえに守護神にすることはできなくても、守護聖人ならば認めたのだった。加えて、安息日である日曜日は、スポーツなどして愉しむのもＯＫ。

このように見てくると、ユダヤ教から派生したのがキリスト教であるのに、ユダヤ教と考えをともにするのは、第一の戒律のみということになる。それ以外の第二と第三と第四は、ローマ式をとり入れたことになる。しかし、とり入れたがゆえに人間的なものに変わり、民族別を超えた普遍性を獲得できたのではないだろうか。

とはいえキリスト教も、おまえの神以外には神をもつなとした第一の戒律では、ユダヤ式を守っている。ローマ文明とキリスト教文明の本質的な差異は、多神教と一神教の差異にあると思うわたしの考えも、この点に根拠を置いているのだから。

法律に話をもどすが、ユダヤの法とローマの法の最大のちがいは、モーゼの十戒の一から四までの項目にあるのではなく、神がつくったか、それとも人間がつくったか、にある。つまり、神がつくったがゆえに絶対に変えてはならないユダヤの法と、人間の作になるがゆえに、時代に合わなくなった、となれば改めるのが当然とされているローマ法のちがいだ。言い換えれば、法に人間を合わせるユダヤ的な考え方と、人間に法を合わせるローマ的考え方のちがいなのです。

ローマ人にも、人間がつくったにしろモーゼの十戒に似ていなくもない、紀元前四四九年に制定された、〈十二表法〉と呼ばれる基本法があった。だが、十二条あったといわれるこの法も、改定に次ぐ改定で、二百年も過ぎないうちに十二条の三分の二が行方不明になってしまう。ローマ人による法の改め方が、既成の法を改めるか否かの賛否を問うやり方ではなく、必要と思われることを盛りこんだ新法を提出し、それが元老院で可決されれば、旧法のうちでその新法にふれる部分のみが自動的に消滅する、というやり方を採用していたからだった。おかげでローマでは、神々同様に法律もやたらと増えてしまう。法に人間を合わせるのではなく、人間に法を合わせる考え方であった以上、これも当然の帰結ということになるだろう。

いかにローマでは法は人間がつくるという考えが浸透していたかの証拠は、法律の名称にも見られる。国有地の農地賃貸しを定めた法も、〈農地法〉とだけ呼ばれるのではない。提案者の名が、常に冠せられる。〈ユリウス農地法〉というように。それゆえローマ法では、誰が提案し成立させたかは明白になる。公共事業と同じで、末代まで名が遺ってしまうことになる。これもまた、良き法、つまり良き政治、を遺したいという心情を活用するという点で、なかなか巧みな人間操縦法であったと思うね。

紀元五二八年になって、東ローマ帝国の皇帝ユスティニアヌスによる『ローマ法大全』の編纂《へんさん》がはじまる。これこそが、公法、民法、刑法と法の全分野を網羅した膨大なローマ法の集大成になるのだが、これらの法の発案者であったローマ人は、この時代にはすでに死に絶えていた。西ローマ帝国はすでに滅亡しており、東ローマ帝国はキリスト教の帝国になっていたのだから。とはいえ、いかにキリスト教徒であろうと、多民族から成る帝国の政治の責任者である皇帝としては、ローマ法の有効性は認めざるをえなかったのだろう。多種多様な人間が共棲しなければならないのが人間社会であり、ローマ法とは、多種多様な人間社会を機能させていくためのルールであったのだから。

この『ローマ法大全』は、次の一文ではじまる。

――われらが主イエス・キリストの名において、皇帝カエサル・フラヴィウス・ユスティニアヌスは、法学者たちの協力を得て、過去のローマ人の法の集大成をここに行う。なぜなら、皇帝の威光は、武力で輝くものにかぎるべきではなく、公正な統治によっても輝くべきものだからである。――

ローマ人によって打ち立てられた法の精神は、良しとなれば敵のものでも模倣することを恥じなかったローマ人と似ていなくもないキリスト教の柔軟性のおかげで、現代にまで受け継がれることになったのだった。ちなみに、ローマに似て成文法をもたなかった国家には、中世・ルネサンスのヴェネツィア共和国と近代の大英帝国がある。二国とも、それぞれの時代の現実主義の雄として、勢威を誇った民族だった。

法学部で教える法理論を論ずるのは、わたしの知力のおよぶところではない。ただし、帝政ローマ下で公職に従事していて歴史の検証を生涯の仕事とした以上、民族と法の関連に想いをめぐらせないではすまないのです。それに人間は、行為の正し手なしには社会が成り立たないという生き物でもある。それを何に求めたかは、その民族の理解の鍵になりうるのではないか。古代の三大民族ならば、次のようになる。

人間の行為の正し手を、

宗教にもとめたユダヤ人。

哲学に求めたギリシア人。

法律に求めたローマ人。

宗教に求める場合は、宗教をともにしない人々には通用しないという限界がある。モーゼの十戒の一から四までは、ユダヤ教徒以外の人にとっては、知ったことではないのだから。

哲学の場合も限界がある。自らの無知を悟れというソクラテスの教えも、その日暮らしのアテネの庶民にとっては、知ったことではなかったにちがいない。

法律は、宗教をともにしなくても、知的関心の有無にも関係なく、いや、このように多種多様である人間だからこそかえって、ともに生きていくのに必要になるルールにすぎません。しかし、そうであるからこそ普遍妥当性をもてるのであって、法律くらい、普遍帝国をつくったローマ人にふさわしい創造物もない。

ところが面白いことに、ローマ人が子弟の教育に必要と考えた教養課目（ラテン語ではアルテス・リベラーレス、英語だとリベラル・アーツ）には、法律は入っていないのだ。ローマ人にとっての法律とは、学校で学ぶたぐいの知識ではなく、食卓の話題か、休日以外の日ならば必ず開かれていた裁判の傍聴かで自然に会得する、日常的な智恵であったのかもしれない。もしかしたらこのような対し方こそ、法の精神を会得するには有効な方法かもしれないと思っている」

「それを聴いてさらに質問する気になったのですが、日本でもようやく改憲論争が交わされるようになりました。もしもこの日本人にローマ人が助言を与えるとしたら、どのように言うでしょうか」

「一部の日本人が主張するような、普通の国になるための憲法改正ではなく、普通の憲法にするための憲法改正を勧めるだろう。

日本人は、ユダヤ教徒ではない。だから日本国憲法も、神が人間に与えたものではない。ゆえにそれを死守するのは法律のあるべき姿に矛盾する以外の何ものでもない。この矛盾から脱け出すのが、まずは先決さるべき課題ですね。そうなれば、憲法といえども時代の変化に応じて変えてしかるべき法律の一つであるという、認識も、国民の間に定着していくと思うのだが。

とはいえまずは、八十年もの昔に作られた現在の日本国憲法の前文を英語に訳して、身近な外国人の誰かに読んでもらってはどうだろう。『平和を愛する諸国民の公正と信義に信頼して、われらの安全と生存を保持しようと決意した』とある部分。ほとんどの人は笑い出すだろう。そして思う。バッカじゃないの、と」

質問12　ローマ人の都市計画

「ローマ人は、征服して属州化した被征服民族の住む地方にもローマ式の都市を建設し、ローマ人の生活様式と文化を押しつけた、と書かれた、日本人の手になる歴史書を読んだことがあります。押しつけたか否かは別としても、属州の諸都市までが帝国の首都であるローマと、同じようなつくりになっていたことは確かですね」

「まったく、ミニ・ローマとするしかない街づくりが帝国内のどの都市に行っても見られ、よくもあれほど同じような都市計画をやりつづけたものだとあきれ返るくらいだ。

どの都市にも、都心部には神殿がありフォルムがありバジリカがあり、それを少し離れて囲むような感じで、半円形劇場、円形闘技場、ギリシア式のスタディアム、公衆浴場が点在し、その間を街路と住居と共同の水汲場が埋めていく。そして街全体は城壁で守られ、そこからは、水道橋と街道が四方に向って走っている。簡単にまとめればこのような感じが、ローマ式の都市であったのだから。

このローマ式の都市について、ギリシア人で地理学の祖といわれているストラボンは、次のように書き遺している。

――ギリシア人は、美しくかつ安全で、物産の輸出入に必要な港までそなえた都市を建設すれば、それで彼らの都市は完成したと考えていた。

一方、ローマ人は、ギリシア人がなおざりにしたことまで整備しないと、都市ではないと思っている。例えば、街路の舗装や、上下水道の完備などがそれだ。とくに首都ローマの下水道は見事で、ローマの街の地下を網の目のようにめぐっている。ヴォールト式の石造なので、下水道の上も敷石で舗装され、そのまま街路に使われている。街全体の下水はすべて、テヴェレ河に放流されるようになっている。

街道の舗装も、それが幹線道路ならばなおのこと、都市内にかぎらず、ローマ領となった地方全域に走る街道にまでゆきとどいている。これらのローマ街道は、丘をけずり、地勢の高低を平らにならしたうえで敷設される。こうしてつくられたローマ街道は平坦なので、輸送用の車も荷をより多く積むことができる。

上水道の整備も完璧とするしかなく、どの家でも水に不足することはない。貯水槽をもつ家も多く、一日中、水を噴きあげる噴水までそなえた家さえもある。——

ローマ人は都市に、機能だけでなく快適まで求めていたことがわかるだろう。ストラボンが調査旅行をした時期は紀元前一世紀半ばであり、ローマが共和政から帝政に移行しつつあったカエサルの時代。その後のアウグストゥスによって帝政が確立し、帝国全域に

〈パクス・ロマーナ〉が浸透していくにつれて、帝国内の諸都市もまた、ストラボンが感心した首都ローマに似た街づくりになっていったのだった。

フォルムとは、要するに中央広場だが、ギリシアのアゴラとちがうところは、長方形のフォルムの一辺は神殿が占めていたことだ。小高い丘をアクロポリスと呼んで、そこに神殿を建てるギリシア方式とちがって、ローマ式では神殿は街中に建てるのが一般的。神と人間の居場所を別にするギリシア式に比べれば、ローマ式は、神と人間の居場所を一緒にしたといえるかもしれない。ローマ式のほうが、仕事の途中でちょっとお参りするには便利であったかも。

また、ローマ人の、というよりはユリウス・カエサル創案とすべきフォルムとは、このラテン語の言語以外には他国語に訳しようのない建築様式でもある。形式は、長方形の広場を柱廊が囲む回廊形式。回廊の奥はオフィスや店に賃貸しされるのが常であったから、フォルムとは、政治と経済の場としてもよい。市民ともなれば、一日に一度は出向く場がフォルムであったので、といっても、フォルムは大人だけの場所でもなかった。フォルムの一角では、私塾形式の学校も開かれていたので、子供たちにも開放されていたのです。

首都近くのアッピア街道の復元図

道に沿って建っているのは墓所

バジリカと呼ばれる屋根つきの公会堂の中では、常ならば裁判が行われていて傍聴は自由。また、法廷として使われていない日でも、人々の出会いの場として活用されていた。属州民もローマ式の裁判、つまり裁判長がいて検事がいて弁護士がいて、結論は陪審員が下すというローマ式の裁判を経験することで、腕力ではなく法でことを決する、法治国家のメリットを学んでいったにちがいない。

半円形劇場では音楽と演劇を、円形闘技場では野獣同士か野獣と剣闘士、または剣闘士同士の試合を愉しみ、スタディアムでは、肉体を鍛練し、その成果を競い合う愉しみを味わう。

公衆浴場には、身体を清潔に保つことと同

時に、一日の仕事を終えた後で湯につかる安らぎを満喫させる役割もあった。それ以外にも、ローマ式の浴場には必ず付属している図書室、ゲーム室、それに散策のための広い庭園という、個人ではよほどの富裕者でないかぎりは備えられない諸設備まで、享受することができるのだ。

そして、何十キロも離れた水源から高架式の水道を通って運ばれてくる豊富な水が、飲料水としてだけでなく、身体や衣服をしばしば洗うことによって病気を防ぐ役割も果していた。ローマ人は、大規模な疫病の流行、つまりパンデミックを、長い間知らないで生きてゆけたのです。

また、延々とつづく水道橋とともに、ローマの技術の粋といわれたローマ街道。物産の流通量の増大に寄与しただけでなく、完璧な水はけが成されていたことで、雨が降るたびに耐えていた、ぬかるみの中を行く不自由から人々を解放しただろう。後代のヨーロッパの都市計画で公共施設が重視されているのも、ローマ人の街づくりの影響であると思っている。

ちなみに、インフラストラクチャーとは、下部とか基盤を意味するラテン語の Infra《インフラ》と、骨格ないし構造を意味する Structura《ストゥルクトゥーラ》を、後代になって合成した言葉です。

ローマ人の登場以前には、人間生活における社会資本《インフラ》の重要性をかほども強く認識し、しかも現実化した民族はいなかった。

征服者であるローマ人が自分たちの生活様式を押しつけたというよりも、被征服者の側もその利点を納得して受け容れたのだ、と考えるほうが妥当ではないだろうか」

質問13　真・善・美について

「ギリシア時代のもののレプリカでもローマ人のつくった彫像でも、圧倒的に裸体が多いのには驚きます。彼らには、裸体への特別な嗜好があったのでしょうか」

「答えはまことに簡単で、美しい人間の肉体以上に美しいものは他にないからだ。ギリシア人もローマ人も、この最高の美をまず神々の特権とした。神々の像の多くが裸体であるのは、この理由による。ローマの皇帝たちも死後に神格化されるのが慣例になって以後は、裸体姿の皇帝像があれば、それはその皇帝の死後に制作されたと確言できるくらい。

　また、肉体の鍛練もその成果を競う競技会でも、ギリシア時代の造形美術に見られるような全裸ではなかったにしろ、ローマ時代ですら下半身をわずかにおおうだけであった。もちろんのこと公衆浴場では、元老院議員（ときには皇帝）から奴隷に至るまでの社会の各層は混浴であったのだし」

「羞恥心はいだかなかったのでしょうか」

「裸で街中を歩いたわけではないのですよ。それにこの種の羞恥心は、キリスト教による産物だ。キリスト教では裸体は、人間の恥ずべき心情を刺激するもの、としか考えていなかったので」

「それならばギリシア・ローマ時代には、美だけが価値を認められていて、醜には市民権はなかったのですか」

「現実主義者であったローマ人はもとより、理想美を追求したギリシア人でさえも、醜を一刀両断にして無視したわけではない。醜もまた、人間性の一部だ。どれほど美しい若者でも、老いれば醜から逃げることはできないのだから。それに、真が加われば醜も美に変わりうる。

ギリシアの哲学者ソクラテスが、極めつきの不美男であったことは有名だ。そして、彼の弟子の一人で政治家でもあったアルキビアデスが、ペリクレスやアウグストゥスとともに古代の三美男とされていたことも知られた事実だった。それなのに、文学史上、最高の愛情の告白とぼくの思う真情の吐露は、敵国スパルタの女にまで惚れられ、愛されることには慣れきっていたはずの美男中の美男から、弟子たちに無料で教えるために常に貧乏でもある、醜男中の醜男に向けられたものですよ。

プラトン著の『饗宴《シンポジオン》』から、その部分を訳してみよう。

この高名な作品は、現代までの二千四百年を通じてのベストセラーの一つと思うが、古典とされる作品の例にもれず、ためにはなっても面白い作品ではない。ソクラテスが出席していながら、シンポジウムが面白くないのは古今東西変わらない現象か、と思ったりするくらい。

ところが終り近くなるや、突如、精彩をおびてくる。哲学的な議論を知的に交わしていたその席に、酔ったアルキビアデスが乗りこんできて、率直な想いを吐露しはじめたからです。

――ソクラテスよ、そしてわが親愛なる友たちよ、これからはじめる、わたしのソクラテス讃歌を聴きたまえ。

ソクラテスは、醜い半人半獣の森の神の分際で芸術の神アポロンに笛の技で挑戦した、あのマルシアスに似ている。いや、マルシアスよりはよほど上手《うわて》とすべきかもしれない。笛の音色で人間の心を奪うマルシアスには笛が必要だが、ソクラテスは言葉だけで同じ効果をあげてしまうのだから。

他の人々の演説のほとんどは、聴きはしてもすぐに忘れてしまう。だが、ソクラテスのそれはちがう。彼の口からじかに聴くときはもちろん、他の人を通して彼の考えに接した場合でさえも、それを聴く男も女も少年も、まるで彼に所有されでもしたかのように、茫然自失の状態におちいってしまうのだ。

完全に酔いつぶれない前に、わたし自身は彼の話をどう聴いてきたか、いや、今なおどのような想いで聴いているかを話しておこう。

ソクラテスが話すとき、それを聴くわたしの胸は、自我を捨てきったときにのみ味わうことのできる解放感にひたり、涙がとめどなく頬を伝わって流れ落ちる。周囲を見れば、そのように感ずるのはわたし一人ではなく、多くの人も同様であることがわかる。

ペリクレスやその他の演説の巧者の話を聴いていると、巧みな論の進め方には感心させられる。しかし、ソクラテスの話を聴くときのように、これまでの確固とした自信が音をたてて崩れ落ち、自由のない奴隷にでもなったかのような苦しみを味わうことはない。それどころか諸君、このマルシアスはしばしばわたしに、わたしの人生のようなものは生きるに値しないとまで思わせたのだ。そうでしょう、ソクラテス。わたしが嘘を言っているのではないことは、あなたが誰よりも知っているはずです。

そして、わたしに対する彼の影響が、わたしの少年時代では終らずに今もなおつづいていることが、より一層わたしの心の平安を乱す理由になっている。成熟した大人になった今でも、彼の声に耳を傾けるやいなや、少年のわたしを襲ったのと同じ感情に襲われるのだから。彼の声は、アテネの国政に専念しているわたしに、人生をいかに良く生きるかをないがしろにしているとささやき、しかもそれをわたしに認めさせてしまうのだから腹が立つ。だからこそ、わたしはこの、美声によって船乗りを魅惑し船を難破させてしまうセイレンから、手で耳をふさぎながら逃げ出すのだ。声に魅せられ、そのかたわらで老いくちてしまわない前に。

この人のおかげでわたしは、位人臣を極めた今のわたしのような男には無縁と人々が思っているにちがいない感情まで経験させられたのだった。それは、あの人の前では自らを恥じ入る感情だ。劣等感をもたずにはいられない想いでもある。誰に対しても一度としてそのような感情をいだいたことのないわたしなのに、ソクラテスの前に出るや、自らを深く恥じいる男に一変する。なぜなら、わたしの今の生き方が、彼がわたしに説きつづけた教えに反していることを認めざるをえないからなのだ。反対にソクラテスの声が遠ざかるやいなや、アテネの市民たちから絶えず捧げられる栄誉の快感がわたしの胸にもどってくる。

だからこそ、わたしは彼を避け、彼から逃げるのだ。彼と向き合ったとたんに感ずる、あの恥の感情に苦しまされないために。しばしばわたしは、ソクラテスが地上から消えたときを想像してみる。だが、もしそれが現実になろうものなら、今よりももっと苦しむことになるのははっきりしているのに。

　というわけで、諸君、このソクラテスにはどう対処してよいか、わたしにはまったくわからないというわけだ。――

　アルキビアデスの告白はまだつづくが、これ以上は『饗宴』を読んでください。このエピソードが、著者であるプラトンの少年時代に見聴きした事実であるとすれば、アルキビアデスの全盛期が紀元前四一七年前後であることから推測して、このシンポジウム当時の二人の年齢は、ソクラテスは五十四歳、アルキビアデスのほうは三十四歳のはず。

　当時のアルキビアデスは、四年ごとに開催されるオリンピアの競技会で戦車競走に優勝してはアテネ人を熱狂させ、少しばかり片方の脚をひきずる歩き方がたまらないと女たちをうっとりさせていた、都市国家アテネのスターだった。もちろん、毎年選出される十人の〝大臣《ストラテゴス》〟の筆頭格。そして、少年の頃も若者の時期も成熟した大人になっても、それぞれの時期なりに美しいと言われた、美男中の美男でもあったのだ。

　美への愛に劣らず真理への愛も、感動的であるとともに官能的でもあると思いませんか。美への愛の結晶は芸術、真理への愛の結晶は哲学。この面となると、ローマ人は逆立ちしたって、ギリシア人にはかなわなかったけれど」

「美に真とくれば、善はどこに？」

「美も真も、極まれば、人間に対して善をもたらすことになるのでは？」

質問14

〈パンとサーカス〉とは何であったのか

「ローマ帝国といえば、〈パンとサーカス〉という言葉に要約できるように、帝国の支配者であるローマ人ともなれば小麦の無料配付を受けて働く必要はなく、これまた無料で提供される見世物を愉しんで遊びほうけ、それらの費用は被支配者である属州民からの搾取でまかなっていた、というのが、従来の学界での定説のように思います。これは史実であるのか否か、が今回の質問です」

「このこともまた、ローマは軍事面ではギリシアを征服したが文化面ではギリシアに征服された、という一句同様に、ローマ人自らが口にした言葉から発している。また、ローマ人自らの言という理由で、後世がローマ批判の旗印にしたという事情でもよく似ている。

それで、これより検証に入るわけだが、検証の過程を前もって知ってもらう意味もあって、目次をつくってみたがどうだろう。

一、〈パンとサーカス〉とは、いつ、誰が、どのような事情を背景に言ったのか。

二、ローマ史上における、その歴史。

三、〈パンとサーカス〉の実態。

四、ローマ人の労働日数、ないしは休日の数。

五、ローマ人の一日。

六、結論。

それでまず、〈パンとサーカス〉（Panem et Circenses《パーネム・エト・チルチエンセス》）とは誰が言い出したのかだが、震源地は風刺詩人のユヴェナリス。生れたのは紀元六〇年前後、死んだのは紀元一三五年前後とされているので、ローマ帝国の最盛期に生きたローマ人ということになる。ただし、同時代人であり風刺詩をもっぱらとした点でも似ていたマルティアリスが、繁栄を謳歌するローマ人を笑いのめしながらも愛した詩人であったのに比べれば、ユヴェナリスのほうは、悲憤慷慨型の風刺詩人であったところがちがう。

この彼から痛烈な非難を浴びせられたのは、皇帝や有力者や富裕な人々にかぎらない。ローマ帝国の東半分の住人であるギリシア人もアジア人も、質実剛健が伝統であったローマ人を堕落させたのは彼らの生活慣習であったとして、風刺の対象にされたことでは変わりはなかった。帝政移行後のローマではカエサルのはじめた開国路線が国策として確立されていた一方で、国粋主義としてもよいブルータス等の鎖国路線への共鳴者も、少数派にはなっても皆無ではなかったという証拠だろう。皇帝たちの開国路線に対しても、常に反対派がいたというわけだ。

このユヴェナリスの出身地は、古くからのローマ領であった本国イタリアの中部の街の一つ。一方、マルティアリスの出身地は属州スペイン。親代々のローマ市民権所有者であるユヴェナリスとはちがって、首都ローマで皇帝ドミティアヌスをパトロンにもつほどの売れっ子作家になってはいたとはいえマルティアリスのほうは、皇帝が市民権を与えてくれるまでは属州民の一人であったのだ。

風刺詩（Satira《サティラ》）とは、ギリシア時代にはなかったローマ特有の文学形式。現実を痛烈に批判したり笑いとばしたりすることがローマ人の気質に合っていたから成功した様式だが、そこで取りあげられている事柄を歴史上の事実、つまり史実と考えるに際しては、右に述べたような作者の個人的事情も考慮されるべきだろう。それを怠ると、史料の鵜呑みになってしまう危険があるので。

文学作品を史料として用いる場合に考慮さるべきことの第二は、芸術そのものが内包する性質の一つにある。それは、幾分かの誇張が成されるということで、これをきみの国の言葉である日本語では、虚実皮膜の間、と言うんではなかったかな。たとえ皮膜の間にしろ「虚」をはさむ利点は、それによって与えるインパクトが強まるからだ。風刺という形式を選択した以上、インパクトの強化に無関心な作家はいない。要するに文人の言は、徹底した検証をするか、受け入れるにしても、距離を置いたほうが無難ということだね。

二、ローマ史上における、〈パンとサーカス〉の歴史。

この歴史は、紀元前一二三年、護民官に当選していたガイウス・グラックスが成立させた〈小麦法《レックス・フルメンターリア》〉からはじまる。国家が一定量の小麦を買いあげ、それを市価の半値程度で都市のプロレタリに売ると決めた法律です。プロレタリアの語源になるプロレターリの意味は、日々の労働によって生活の糧を得るしかない人々、というものだった。このことからも〈小麦法〉が、平民階級の権利の保護が任務であった護民官による、福祉政策であったのは明らか。

それだからこそ四十年後に、貴族階級派のスッラが独裁官に就任するや、〈小麦法〉は撤廃されてしまう。保守派のスッラが廃止の理由としたのは、福祉よりも国家財政の健全化だったのだが、本音は、都市在住のプロレターリという民衆派の地盤を崩すことにあった。福祉が政争の具になりがちなのは、古今東西変わらない現象でもあるのです。

事実、グラックス兄弟ほどは過激でなくても民衆派ではあった執政官コッタ（ユリウス・カエサルの母方の伯父）によって、紀元前七五年、受給者数の上限は四万人とするという条件つきにせよ、〈小麦法〉は再興される。スッラによる廃止から、わずか六年後のことだった。

ところが、民衆派のカエサルと貴族階級派のキケロやポンペイウスとの対立が激化した紀元前五〇年代、カエサルがガリアで戦争を遂行中であるのをよいことに国政の主導権をにぎろうと策した貴族階級派は、反カエサルに燃える小カトーが提出した、四万人の上限撤廃という〈小麦法〉の改正案の可決に成功する。カエサルの支持層のだきこみを狙っての策であったことは、いうまでもなかった。

こうなると、民衆派も黙ってはいない。〈カエサルの長い手〉とキケロが評した護民官クロディウスは、配付の無料化を記した改正案を可決させる。この結果、四万人どころか三十二万人ものローマ市民が、小麦の無料配付を受ける身になってしまったのだった。

ここまでの推移はすべて、共和政時代の話です。パンの無料配付が帝政時代の産物ではないことは、納得してもらえたのではないだろうか」

ここまで話したところでローマの男はしばらく沈黙し、少し休んだ後で話を再開する。

「それで話は帝政時代に移るが、ローマ帝国の青写真を描いたユリウス・カエサルは、貴族階級派との抗争に勝利した後に数多くの大改革を敢行するのだが、〈小麦法〉による受給者数にも大ナタを振るう。三十二万であったのを、十五万を上限とすると改めたのだった。

ただし、無料の配付となっていたことまでは変えなかった。そのようなことを断行しようものなら彼の支持基盤を失ってしまうからで、その証拠にカエサルの後を継いだアウグストゥスは、かえって数を増やしてさえいる。それでも、帝政が進むにつれて人口も増え、国庫も豊かになったにもかかわらず、初代皇帝アウグストゥスの定めた二十万を越えることはなかったのだった。

ではなぜ、福祉政策であると同時に有権者対策でもあったのに、受給者の数をおさえることができたのか。

三、〈パンとサーカス〉の実態。

〈小麦法〉で定められている受給資格者は、貧民という、実際は資格の有無の線引きが実に困難な基準にはなっていない。ローマ市民権所有者ならば、誰にも権利はある、となっている。理論的には、元老院議員でも公共事業を受注する〈ソチエタス〉（ソサイエティの語源）の社長でも、立派に資格を有する者ということになる。一時期、三十万を越えてしまったのも、必要としない市民にまでバラ撒《ま》いていたということだろう。もしも三十二万人がほんとうの貧民であったのならば、平民階級のチャンピオンであったカエサルが大ナタを振るえるわけがない。では、どのようにして線引きに成功したのか。

　無料の小麦をもらいにいくのは有資格者本人にかぎる、としたのだった。月に一度とはいえ、三十キロの小麦をもらうのにはマルス広場での長い行列に並ばねばならない。その結果、絶対にこれを必要とする人か、でなければ隣り近所でさそい合って行列に並ぶこと自体を愉しむ庶民かに、かぎられてくるのではないだろうか。なにしろ、長時間の行列を我慢しても受給者名簿に名が記入されれば、小麦の無料配給だけでなく、闘技等の催し物の無料入場券でもある〈小麦受給証明書〉（Tesserae frumentariae）をもらえたのだから。

　有権者対策でもあった以上、証明書の給付を待って行列している人々の中には、首をかしげざるをえない人もいたことは容易に想像できる。皇帝ネロの政治顧問でもあった哲学者のセネカは、次のような苦々しい言葉を遺しているくらいだから。

　――公式の受給者名簿に名が記入されるには、市民権の有無だけが問われるのであって、市民としてのモラルまでは問われない。おかげで、盗人でも偽証者でも姦通者でも、もらえるというわけだ。――

スペインの属州出身でもローマ市民権をもち元老院議員でもあったセネカは立派に有資格者だったが、マルス広場の行列に加わるのは嫌った一人なのだろう」

ここで私は声をあげた。

「ああ、それでわかりました。古代ローマの〈小麦法〉とは、私が生きる現代でも言われるようになった、貧民救済策としての〈ベーシック・インカム〉と同じことなんですね。ただしそのベーシック・インカムでも立ちふさがっているのはどこで貧民かそうでないかを線引きする問題だけど、それを古代のローマ人は、給付は自動的ではなく、つまり黙っていても自分の銀行口座に振りこまれるのではなく、当人が出向かねばもらえない、というやり方で解決していたんだ」

しかし、眼の前にいるローマ人は、それにも追い討ちをかけるのだった。

「とはいっても、問題はそれだけでは解決しない。バラ撒きにならない対策はもう一つあった。〈小麦受給証明書〉をもらえる条件がローマ市民権所有者とある以上、十七歳以上

使っている奴隷がいればその人々にも、受給の資格はないことになる。

帝政時代の首都ローマの人口は、自由民だけでも百万といわれているので、そうなると二十万という数は、首都在住の成年男子のほぼ全員を網羅していたのではないか、という推測も成り立たないではない。この推測とともに、後世の研究者たちは、首都に住むローマ人は主食の小麦を無料で与えられていたので働く必要もなく、これも無料で提供されていた見世物を愉しんでいればよい身分であった、とした仮説を打ち立てたのだろう。

ほんとうに、そうであったのかもしれない。セネカやユヴェナリスのような人はまったくの少数派で、その他大勢は、どうせ月に一度のことだからと、終日つづく行列に並んでいたのかもしれない。しかし、この仮説のとおりだとしても、無料の小麦だけを受けていれば働く必要はなかったのか、という問題は残る。

〈小麦受給証明書〉をもっていれば無料で受けられる小麦の配給量は、一カ月に五モディウスと決まっていた。一モディウスは、約六・五キログラム。一カ月だと、三十二・五キロになる。これで生きていけたのかどうかのシミュレーションをきみはすでに『ローマ人の物語』の第八巻で試みているでしょう。その部分を読みあげてみよう。

——ここに、親子五人の一家がいたとする。三人の子のうち上の二人は十七歳を過ぎているが、そのうちの一人は女子、十歳に満たない末っ子は男子。この一家で〈小麦法〉によって保証された権利を享受できるのは、父親と長男の二人だけになる。この二人への一カ月の配給量は十モディウス、約六十五キロの小麦になる。どうやら給付は小麦粉ではなく、脱穀はしてあってもつぶのままの小麦であったようだが、一日当たりの給付量にすれば二キロ強になる。それでまず、つぶのままの小麦を粉にする費用がかかる。また、粉にした後のローマ人の小麦の料理法には大別して二つあり、第一は、パン焼き屋へもって行ってパンに焼いてもらうこと。第二は、野菜やチーズを入れて煮込んだポタージュ風に料理して食べるやり方。いずれの方法にしても、おカネはかかる。第一の場合はパン焼き屋への払い、第二の場合は、混ぜ込む材料を買う費用にプラス燃料代。これらの出費は計算に入れないとしても、小麦二キロで得られるカロリーは、学者の試算によれば、三千から四千キロカロリーであるという。一家五人がこれだけで、生きていけたであろうか。

日本で行われている生活保護は、職に就いて収入を得はじめると打ち切られる。だが、古代のローマでは、職に就いていても小麦の受給資格は失われない。一家五人で四千キロカロリーでは餓死しないというだけで、それ以上は保証していないからである。

独身者でも、さしたる差異はない。一日に一キロの小麦はタダでも、共同住宅《インスラ》の一部屋でも借りれば部屋代がかかる。また、衣料を買う必要もあるし、まずもって小麦だけを食べていては栄養不良になり、果ては病気になる。〈小麦受給証明書〉の持主でも、働いて収入を得る必要は絶対にあったのだ。国家が与えた保証は、飢え死はさせない、の一事のみであったのだから。

〈パンとサーカス〉とは、ローマ人自らが言った言葉である。だがこれは風刺作家の誇張であって、そのような誇張を鵜呑みにしたのでは、歴史上の真実に迫ることはできなくなる。それにこの〈小麦法〉が存在したことで、百万都市ローマでも餓死者とは無縁でいられた事実は無視できない。また、類似の社会福祉は、帝国全域の経済力の向上にともなって地方都市や属州にも普及していったので、あの広大なローマ帝国で飢餓が原因の集団死は、まったくと言ってよいくらいに起らなかった。この事実のほうこそ、特筆に値するのではないだろうか。そしてこれが、毎日のようにアフリカやアジアでの飢餓をテレビで見せられる現代からは、二千年も昔のことなのであった。——

ローマ帝国の社会福祉は、文字どおりの最低保証であったのだ。当時の人々にすれば、これが、貧者を救いながらバラ撒きにもならないための、最良の策に思えたからだろう。ギリシアを代表する都市国家アテネの政治家としてだけでなく、歴史上でも屈指のリーダーとの評価で定着しているペリクレスは、次のように言っている。貧しいことは恥ではない、だが、貧しさに安住することは恥である、と。

この考え方で機能してきたギリシア・ローマ世界に、しばらくして、貧しいことは善である、とするキリスト教の考え方が侵入してくる。これでは、古代末期に生きたローマ人ならずとも、価値観の動揺は避けられなかったのではないだろうか。とは言っても、金持が天国に行けるのはラクダが針の穴を通るよりもむずかしい、と説かれてから二千年が過ぎているのに、あいも変わらず人間はマネーの魅力に勝てないようではあるけれど。

四、ローマ人の労働日数、ないしは休日の数。

検証の対象を〈パン〉から〈サーカス〉に移すが、それにはまず、二つのことをはっきりさせておく必要がある。

第一は、サーカスとは競技場の意味である〈チルクス〉（Circus）の英語読みだから、

〈パンとサーカス〉よりも〈パンと競技と見世物〉と考えたほうが誤解を避けやすいこと。

第二は、ローマ人にとっての休日とは何であったか、です。

週に一度、定期的にめぐってくる休日は、ユダヤ教徒やキリスト教徒の習慣であって、ローマ人には無縁だった。理論的には、三百六十五日のすべてが仕事をする日であったのだから。とはいえ、そのようなことをつづけていては人間は生きていけない。それで、祝祭日は仕事を休み競技などを愉しむ、となったのです。体育競技、闘技、演劇、音楽はもともとからして神々に捧げるものと考えられていたので、人間も相伴させていただくという理屈が成り立ったからだった。つまり、タダで愉しめる娯楽も、神々に捧げる祝祭日がめぐってくるまでお預けということ。それゆえ、ローマ人にとっての休日は、不定期的ということになる。

それで、祝祭日の数は何日であったのか、ということだが、紀元前一世紀半ばの共和政末期では、一年に六十五日であったというのが後世の学者たちの試算。現代でも、一年のうちの五十二日は日曜日です。それが紀元二世紀の五賢帝時代というローマ帝国最盛期のローマ人になると、百二十日前後の休日を享受していたといわれている。これは、現代の先進国の工場労働者の年間休日数と比べても大差のない数字だ。

なにやら、現代の先進国のライフスタイルを二千年も昔に先取りしていたのかと思えるローマ人だが、彼らの祝祭日のすべてが、闘技や競技の見物であけくれていたのではない。祭日の多くは、ただ単に祭儀が行われて終りという感じであったのだから。ただし、〈パン〉同様に〈サーカス〉も有権者対策であるからには、皇帝たちがスポンサーになっての大規模な見世物が、これらの祝祭日の呼びものになっていたのは事実です。しかしこれも、唯一自分で記録を残した初代皇帝アウグストゥスの場合を例にあげれば、次の数字になる。

剣闘士試合＝五回

体育競技会＝五回

戦車競走と演劇＝六ないし七回

人間と野獣、または野獣同士の見世物＝二十六回

模擬海戦＝一回

アウグストゥスの治世は四十一年と長く、右の数字も四十一年間のものですよ。

そして、〈パン〉が有権者対策であると同時に社会福祉でもあったのに似て、〈サーカス〉にもまた、人気取りの他にもう一つの目的があった。現代風に言えば、世論調査の機能も果していたのだから。

共和政時代のローマでは、一年に一度、首都ローマに、ローマ市民権所有者という名の有権者を集めた市民集会が開かれ、国政の最高責任者である執政官以下の国家の要職者を選出するシステムになっていた。ところが、直接民主政は、有権者の数が多くなると意味を失うという欠点をもつ。市民の数が数十万のアテネでも実際の投票者は一万に達していなかった、といわれたのに、共和政末期のローマの市民数は五百万にまでなる。これでは、首都ローマに住む有権者の、しかもその一部の有権者の声しか、国政に反映しないことになってしまう。

それでローマは、地方自治体では選挙制度を残しながらも、中央政府のほうは、帝政に変えたのだった。だが、皇帝は執政官とちがって、選挙で選ばれる人ではない。とはいえ国家ローマの主権者は、都市国家として誕生した歴史からも、あいも変わらず市民。

この矛盾の解消を期すための策の一つが、競技場やコロッセウムでの、最高統治者である皇帝と、有権者である市民との接触であったのだ。皇帝が万雷の拍手で迎えられれば、彼の政策は支持されている証拠、反対にブーイングを浴びるか、でなくても冷たい沈黙で迎えられるようなら不支持、というわけ。

皇帝たちも、競技場での観衆の反応の重要性は知っていた。不評がつづこうものなら、皇帝権力のチェック機関と自負している元老院に、反皇帝の理由を与えかねなかったからです。闘技や競技に興味がもてなくても、コロッセウムやスタディウムには、皇帝たちはなるべく顔を出すよう努めている。批判があれば受けて立つという姿勢を、市民たちに示す必要はあったのだから。

二代目の皇帝ティベリウスの評判が悪かったのは、貴族的な性格ゆえに大衆の好む見世物が趣味に合わず、スポンサーにはなっても彼自身は欠席することが多かったから。ローマ人が熱狂した残酷な剣闘士試合はとくに嫌い、試合そのものの開催まで禁じてしまったことも不評の原因になった。反対にアウグストゥスは、そのような場にも律儀に出席し、カエサルがしたように手紙を書くのに使ったりせず、最初から最後まで観つづけるのが常であった。この種の娯楽をとくに好んだわけでもない彼を知っていれば、〈サーカス〉の役割を熟知していたがゆえと考えるしかありません。

もちろん、ローマ時代の世論の反映が完全であったと言っているのではない。しかし、反映させる機会ならば、閉ざされていたわけではなかったのも事実。

それに、最高統治者が有権者たちに顔を見せる必要は、帝政であろうと民主政であろうと、まったく同様に存在するのではないか。有権者といえども、自分たちは所詮は統治される者であることを知っている。統治者が顔を見せることは、この被統治者たちに疎外感をもたせないための、一つの方策ではなかったか。

また、民衆の声は神の声、とマキアヴェッリも言っているが、無神論者としてもよい彼のいう〈神〉だけに、絶対の真理は意味しない。軌道修正の必要を忠告する程度の、〈声〉にすぎなかったかもしれない。しかし、それでも効用はあった。

〈パンとサーカス〉がシステム化され、常時、機能していたのは、首都ローマだけであったよう。本国イタリアの他の都市でも随時には行われているが、常時というのはやはりローマだけであったらしい。なぜなら、首都の住民が、現代の世論調査でもリストアップされる、サンプルにもなっていたからだろう。なにしろローマ帝国全体の政治は、〈世界の首都《カプトゥ・ムンディ》〉と呼ばれていたローマで決められていたのだから、それに対するダイレクトな世論の反映も意味があったのだった。

では、ローマ皇帝にとってはサンプルであり、帝国全域の人々にとってはモデルでもあった、首都ローマに住む一般市民のウィークデイは、どのように過ぎていたのだろうか。

五、ローマ人の一日。

一日を二十四時間に分けた最初がローマ人であるのか否かについては知らないが、ローマ人の一日も二十四時間で成り立っていたことは確かです。ただし、日の出から日没までを十二等分し、日没から次の日の日の出までを十二等分しての二十四時間なので、図（ローマ人の一日の時間配分）にも見られるように、夏と冬では一時間の長さがちがってくる。とはいえ、日時計、水時計、砂時計で時間を計っていたにせよ、また〈時間〉だけでなく〈分〉の概念もあったにせよ、誰もが腕時計をもつ時代ではない。時刻には、兵営以外ではさほど神経質ではなかったようだ。それゆえ、平均するという意味でも春と秋の一日を例にとるが、ローマ人の一日はだいたい次の順序で過ぎていったのだった。

いまだ西の空には星がまたたいている、五時前後に起床する。洗顔し身仕度し、その家の守り神と祖先を祭る神棚にお参りし、軽い食事をとるや仕事場に向う。

六時前後の日の出とともに仕事開始。有力者《パトローネス》の家ともなれば毎朝の行事になっている、単なる御機嫌うかがいや陳情で訪れる〈クリエンテス〉（英語のクライアントの語源にあたるラテン語だが、顧客よりも、政治家の後援会の会員としたほうが適切）の応対も、この時刻からはじまる。ちなみに、元老院会議や公会堂《バジリカ》で開かれる裁判のような公務は、有力者たちが〈クリエンテス〉の応対を終えて都心のフォルムに姿を見せる時刻に合わせる必要もあって、八時から九時頃にはじまるのが常だった。

　そして、元老院会議や裁判は決着がつくまで続行されても、一般庶民の仕事は正午か午後一時頃には終る。仕事場を閉め、近くのタベルナで、後にはピッツァの生地になるフォカッチャの一片とチーズかソーセージを、夏には冷水、冬は湯で割った葡萄酒の一杯とともに食べるのが軽い昼食。その後で、午後の二時から開く公衆浴場にくり出す。

　皇帝たちが建造してくれた贅《ぜい》をつくした大浴場の入場料も、二分の一アッシスでは小麦百五十グラムの値だからタダも同然。しかも子供と兵士と公務員の仕事をしている奴隷は無料。六ないし七時間の労働による疲労も、温水浴とサウナと冷水浴を経ることでほぐし、追加料金は払う必要があったとはいえマッサージまで受ければ完全に消える。その後はゆっくりと、浴場付属の図書室（バイリンガルのローマ人ゆえ、蔵書もギリシア語とラテン語ともに完備）で過ごすもよし、ゲーム室ではゲームの卓を囲むのもよし、広々とした庭園ではスポーツに興じたり散策するのもよい。

　公衆浴場の開館時間が午後の二時から五時頃までであったのは、午前中の学業に午後の体育を終えた子供たちが、その後で浴場を利用できるようにとの配慮もあった。娼家の開

ローマ人の一日の時間配分

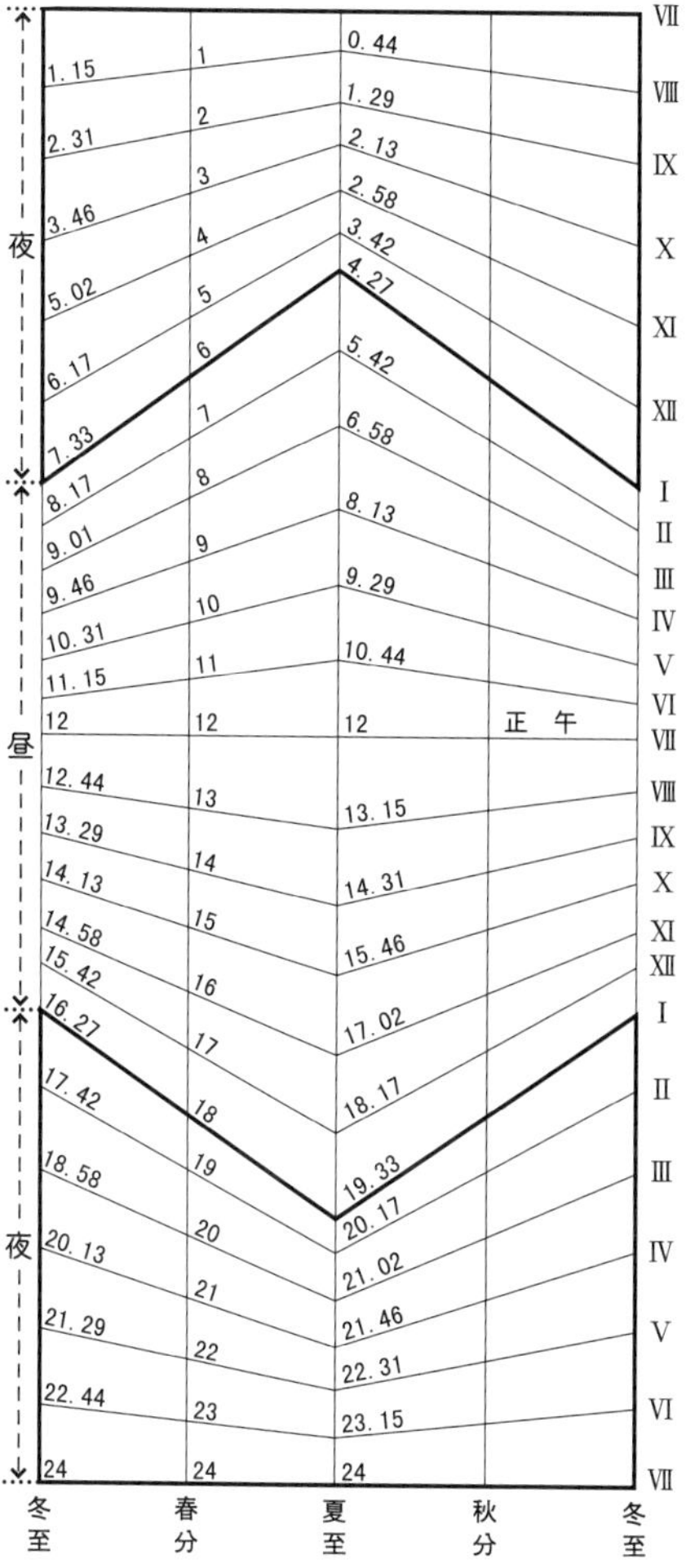

業時刻が午後の五時以降と定められていたのも、健全な余暇の善用と健全でない余暇の善用の共存共栄を考えたがゆえの配慮であると、風刺作家たちは笑っています。

こうして、身体も心もリフレッシュした状態で帰宅し、家族が一堂に会する機会としても一日では最も重要視されていた、夕食の席に着く。朝食も昼食も簡単に済ませるのが習慣のローマ人にとっては唯一の本格的な食事である夕食をゆっくりと愉しんだ頃には陽も落ち、明日も早く起床しなければならない人々は寝室に退く。

これが、ローマの一般庶民の一日。日の出とともに仕事をはじめ日の入りとともに就寝する習慣は、灯明代が高くついたから、という理由だけではない。そのような出費は気にする必要のない皇帝や元老院議員でも、宴会でもないかぎりはこのライフスタイルを踏襲している。とくに朝は、日の出前に起床している。その一因は、農耕民族であったローマ人の昔からの生活習慣にある。しかし、ローマの要人ならばほとんどの人が経験していた、軍団生活の影響も無視できない。軍団基地の朝は、雄鳥《おんどり》がときを告げる前にすでにはじまっており、東の空が白みはじめる頃には巡回に向う軍団兵はすでに基地を後にしていたのだから。

そしてローマ人は、ここまででも明らかなように、一日を仕事と余暇に二分して使っていたのです。ちなみに軍団でも、非常時でなければ行軍時間は五時間、その前後の二時間程度を加えたとしても、七時間が労働時間であったのだ。しかも、最前線でも入浴は忘れなかったのだから面白い。スコットランドとイングランドの境界である、現代ではハドリアン・ウォールと呼ばれているローマ時代の防衛の最前線にさえ、当時の浴場の遺跡が残っている。仕事を終えた後で浴びる一風呂が、ローマ人にとっては何ごとにも代えがたい人生の快であったからだろう。

六、結論。

ローマ人は、働きバチではなかったにせよ、働いてはいた。他者の労働の上にあぐらをかいていたのならば、広大な帝国が一千年もの長きにわたって存続できたはずはない。また、属州民からの搾取の上に成り立っていたのならば、ミニ・ローマとさえいえる属州の各都市に建てられていた、円形闘技場やスタディアムや公衆浴場の存在はどう説明するのか。属州在住のローマ市民のためだけであったとするのでは、あまりにも大規模すぎ、数も多すぎる。一日を二分するローマ式のライフスタイルを属州民も共有するようになっていた、とするしかないのではないだろうか」

質問15　自由について

「古代のローマをあつかった日本の歴史研究書の多くは、共和政時代には自由があったので才能豊かな人材が輩出したが、帝政時代に入って自由が失われた結果、人材の面でも劣化した、と書いています。実際、ローマ史上の魅力あふれる英雄たちは、スキピオ・アフリカヌス、スッラ、ルクルス、ポンペイウス、カエサルと、そのほとんどが共和政時代に集中していた印象を受けるのですが」

「言われるとおりで、きみがあげた人物は皆、共和政時代に生れ育ったローマ人だ。ただし、話をはじめる前に、いつものことだが、いくつかの前提ははっきりさせておくほうがよいと思う。

まず、自由という理念だが、自由ほどそれを口にする人によって異なる意味をもつ言葉もないということ。

ユダヤ教徒にとっての自由とは、唯一神の与えた戒律に従って生きる国家の建設を意味してきた。キリスト教徒の考える自由も、イエス・キリストの教えを信ずる人々の間にのみ共有可能なもので、他の宗教を奉ずる人の自由は彼らの関心外のものであったのだ。それでは困ると十八世紀の啓蒙主義時代の知識人が提唱した自由が、何よりも先に個人の人権の尊重になったのも当然。そして、現代のアメリカ人の考える自由とは、何よりもまず民主政治が可能である状態を指す。

ローマ人の中でも歴史家タキトゥスのように共和政時代にノスタルジーをもつ人の〈自由〉は、ローマ社会のエリート集団でもある元老院の六百人の議員が国政を担当する、元老院主導の政体が機能する状態こそが自由であり、それゆえに、いかに皇帝が元老院と協力して国政を行おうと、それが皇帝主導の帝政であるかぎり、タキトゥスにとっては、やむをえず受け容れるという感じの〈半自由〉でしかなかったのです。国政主導以外の自由、つまり言論や行動や個人の自由ならば、帝政下のローマでも完全に認められていたのだから。

今なお歴史研究者たちの多くはタキトゥスの記述を鵜呑みにする傾向が強いので、啓蒙主義時代になって確立する人権の尊重を基盤とする自由のすべてが帝政ローマにはなかったように思っているようだが、帝政時代になって失われたという自由は、元老院の国政決定の自由にすぎない。帝政になってこの自由を失ったのは、タキトゥスもその一員であった、六百人の元老院議員だけであったということだ。

とはいえ、共和政であった時代のほうに魅力豊かな人材がより多く輩出していることも確か。それゆえ問題は、ローマの場合、なぜ共和政時代の男たちは面白くて、帝政時代になると面白味が薄れてくるのか、ということの解明ではないだろうか。

現代人ならば、帝国と聴くや帝国主義を連想し、次いでは侵略を連想する人が大半かもしれない。つまり、帝国──→帝国主義──→侵略──→搾取という、多くの人の頭にインプットされている方程式に忠実に。

ところが古代のローマでは、共和政時代のほうがこの方程式に合致していたのです。反対に帝政時代となると、ローマは攻勢路線から防衛路線に切り換える。共和政時代はローマにとっての高度成長期で、帝政時代は安定成長期、としてもよいくらいに。

この移行の詳細については、それこそ神は細部に宿るで、要約は不可能ゆえにここでは省略するしかないが、人間は誰でも、攻勢に出ているときのほうが覇気に満ち、守勢にまわれば落ちつくもの。また、攻めに出ていた時代に適した人材と、守りに入った時代に適した人材のちがいもある。そして、攻勢型の才能のほうが守勢型の才能よりも、行動が明快であるだけに理解も容易になるというちがいもある。加えて、攻勢型と守勢型では、苦労ということならば同じでも、苦労の質がちがってくるのです。

セプティミウス・セヴェルス

具体例をあげれば、スキピオ・アフリカヌスやスッラやカエサルのほうが、アウグストゥスやティベリウスよりも理解しやすい。アレクサンダー大王の魅力の大半が、攻勢ひと筋であった彼の短い生涯にあるのと同じ理屈。

帝政時代のローマ人が、人間として小型化したのではない。彼らに課された責務の質が、ちがってきただけなのです。

ローマ時代には軍団基地のあった、イギリス中部の都市ヨークを訪れたときのことだった。雨が降りやまず、タキトゥスの言った『ブリタニアは天も地も水気が多い』という言葉は的を射ているなどと思ったりしていたのだが、この地で防衛を指導中に死んだセプティミウス・セヴェルス帝は、どんな想いで死の床に伏せっていたのかとも考えてしまった。この皇帝の出身地は、現代ではリビア領になっている北アフリカ。降りそそぐ地中海の陽光の下で生れ育った男が、じめじめと降りつづく雨の中で死ぬのは、どのような想いであったのだろうか、と。

帝政時代のローマ人にも、魅力豊かな男たちはいる。ただしその魅力は、自分たちに課された責務のみを遂行するだけで一生を終えるしかなかった、言ってみれば地味な魅力になるのはやむをえない。しかし、〈パクス・ロマーナ〉は、このような男たちの努力で成った、帝政時代の創造物なのですよ。ローマ史の世界的権威とされるイギリスの一学者は、その地味なリーダーたちの最初の人であった初代皇帝アウグストゥスを、次のように評している。

——アウグストゥスは、アレクサンダー大王やカエサルのような、圧倒的な知力の持主ではなかった。しかし、あの時期の世界は、彼のような人物こそを必要としていたのである。——

マキアヴェッリも言っている。指導者にとって必要不可欠な要素は、才能と運と、それに加えて、彼が生きていた時代の要求に合っていたことである、と」

なぜか意味もわからないままに黙ってしまった私を抱きかかえるような感じで、ローマの男は、これまでの話の総括を、いかにもエリートのローマ人という口調で言った。

「警察国家にしてすべての人の想いまでも拘束すれば、数十年ならば社会の安定化は成功するだろう。しかし、数百年は無理だ。それほどの長期にわたって人々の心までも縛りつけておくのは、絶対に不可能。一寸の虫にも五分の魂、といわれるくらいに、自由は不可欠な要素。人間らしく生きるには、欠くことはできない要素というわけだね。

帝政移行後でもローマには、自由はあった。移動の自由はもちろんのこと、思考やその結果である言論の自由もあった。

帝政への移行の最大の功労者であるユリウス・カエサル暗殺の思想上の主導者であったキケロの著作も、そのすべてが街の書店に並んでいたくらい。

共和政主義者で知られていたリヴィウスが、ローマ人としては初めてになる本格的なローマ史を書き出版するのを、非難したり妨害する者はいなかった。皇帝アウグストゥスはこの同時代人を、あの共和政シンパ奴《め》、と呼んで笑ってはいたけれど。帝政下のローマで公職に従事しているわたしも、共和政シンパが書いたあの大部の歴史書を読んだ、多くのローマ人の一人です。

そして、忘れないでほしい。失敗する自由もふくまれてこそ、ほんとうの自由になることを。失敗するのを怖れていては、前進は絶対にできないのだから」

質問16

奴隷について

「ギリシアもローマも、奴隷制の社会でした。奴隷制度は、輝かしい文化文明を後世に遺したこの両民族の恥部であったとするのが現代では定説のようですが、それについてはどうお考えですか。また、有名なスパルタクスの乱のような大規模な奴隷の反乱は、なぜ一、二度しか起きなかったのかについてもうかがいたいのです」

「人間が人間を奴隷化することが誤りであるのは、現代ではもはや常識だろう。しかし、古代では、いや、たかだか二百年前までは、奴隷制はいかなる場合でも悪、という考えは定着していなかった。ユダヤ教徒もキリスト教徒も、奴隷制の全廃は唱えていない。奴隷制を否としたのは同じ宗教を信ずる者の間だけで、異教徒ならばかまわない、ということになっていた。

　多神教民族であるギリシア人とローマ人の場合は宗教の介在がないだけに、奴隷制度も無条件で普及していた。

　この奴隷制が全廃されるのは、いかなる宗教を信じようとも人権は尊重されねばならないとした、啓蒙主義の普及によってだ。その証拠に、どの国の奴隷制度廃止宣言も、十八世紀末に集中している。

古代は、この啓蒙主義よりは二千年も昔。人間が人間の自由を奪うことへの抵抗感が稀薄であったとしても、それが時代であったとするしかない。人類も、ものによっては進歩したという例証の一つが、奴隷制全廃宣言ということかも。

多神教時代であったがゆえに異教徒ならば奴隷にしてもかまわないという考え方も存在しなかったギリシアとローマでは、奴隷の供給源には、大別して次の三つがあった。

一、借金の返済ができなくなり、その代わりに自らの肉体で返済する場合。

二、戦争の敗者。

三、親が貧しかったり身体に障害があったりして、奴隷商人に売られる場合。海賊山賊に捕われた人や捨て子が奴隷市場に出てくるのも、この部類に入る。

まず第一のケースだが、ギリシアのアテネでもローマでも、非常に早い時期にすでに、借金未返済による債務者の奴隷化を禁じた法律が制定されている。ゆえに、アテネとローマにかぎれば、奴隷の供給源は第二と第三のケースであったことになる。分類の第三は個々別々のケースゆえにここではひとまず措くとして、分類の第二にのみ検証をかぎるとしよう。

戦闘開始を前にしての降伏勧告は、古代では、戦場でのマナーとされていた。勧告を受け容れて降伏すれば命も助かり奴隷化も免れるが、拒否すれば女子供でも戦闘員と見なされ、敗北しようものなら、財産もろとも勝者の所有に帰したのです。これは〈勝者の権利〉と呼ばれ、この権利に疑いをいだく人は、当時には存在しなかった。殺されようが奴隷に売りとばされようが、敗者には抗議する権利すらなかったのだ。

　カンネの会戦で敗れ、勝者ハンニバルの捕虜になった八千のローマ兵は、ギリシア全土に売り払われてしまった。そのローマも、三年の攻防戦の末にカルタゴが陥落したときには、五万のカルタゴ人を奴隷としてイタリアに連れ帰っている。捕虜交換の同意でも成立しないかぎり、スパルタ人の家にはアテネ人の奴隷が、ユダヤ人の家にはアラブ人の奴隷がいたのが古代の社会だった。奴隷と聴けば黒人奴隷しか思い起さないのはずっと後の話で、古代では、自由民とは肌の色も顔かたちも同じ、服装でも庶民ならば区別のつかない奴隷たちが、街中を行き来していたのだ。ちがいはただ一つ、自分の運命を自身で決めることが許されない、ということのみ。

　それでもなお、ギリシア人とローマ人とでは、奴隷に対する考え方がちがっていた。ギリシアの哲学者アリストテレスは、次のように奴隷を定義している。

——肉体を使うことのみによって、仕事をする存在。頭脳を用いて仕事をする自由民に所有され、使われる立場にある。——

一方のローマでは、アリストテレスよりは二百年も前に生きた六代目の王セルヴィウス・トゥリウスも、次のように言っている。

——自由民と奴隷のちがいは先天的なものによるのではなく、生れて後に出会った運命のちがいにすぎない。——

ギリシアでは、奴隷は奴隷として生涯を終えるのが普通だった。つまり、自由を回復した元奴隷が市民権を得て、都市国家の一員になるような事態は起らなかった。異邦人の移入には消極的であったのだから、当然でもある。奴隷とはまず、異邦人であったのだから。

一方のローマでは、異邦人に対して開放的な伝統が長く、また奴隷に対する考え方でもギリシア人とはちがっていた事情もあって、解放奴隷という存在が昔から定着していた。金を払ってにせよ主人の温情によったにせよ、奴隷の身分から解放された人々のことだ。しかもローマ人は、解放奴隷のうちでも有資格者には、ローマ市民権まで与えている。その資格とは、第一に、民事刑事ともに前科のないこと。第二に、一人前の市民として生活していける条件として、五歳以上の子をもち三万セステルティウス以上の資産の持主であること。古代の市民権は現代ならば国籍。ちなみにローマ社会の階層は、次のように分れていた。

国政担当の元老院階級、経済と行政をもっぱらとする騎士階級、平民、解放奴隷、奴隷。とはいえ、多くの例が示すように、階級間の流動性は高かった。つまり、階級による格差は固定していなかったということ。このローマ社会における奴隷の現実の姿の説明には、きみが書いた『ローマ人の物語』の第七巻『悪名高き皇帝たち』からの引用で代えてもよい。

――まったく、ローマ人の家庭は奴隷なしでは成り立たなかった。国家の指導層である元老院議員の家庭を例にとれば、毎朝主人のひげをそるのは奴隷。料理し、給仕するのも奴隷。息子や娘の教育を託す家庭教師も、その多くは奴隷。家計を預かるのも、女主人の指揮下にあるにせよ奴隷。元老院議員には建前上許されていないビジネスに、名を貸すだけでなく実務を担当するのも奴隷。国営郵便制度が普及するまでは、主人の手紙をたずさえて遠くオリエントにまで旅し、返事をもらって帰ってくるのも奴隷。

それでいながら奴隷の反乱がほとんどと言ってもよいくらいに起らなかったのは、連帯責任を問う刑法だけが理由ではなかった。奴隷の世界のほうが、出自で差がつきがちな自由民の世界よりも、より厳しく技能が問われる競争社会であったからである。教養が高いとか語学の才能に秀でているとか、芸能面で優れているとか、または商才では抜群とかの特殊技能をもつ奴隷は、引く手数多《あまた》であったのだ。そして、この種の奴隷こそ、解放奴隷への最短距離にいる人々だった。

それに、たとえ特別な才能の持主でなくても、日々の生活をともにしていれば情もわいてくる。というわけで、古代のローマでは意外にも、奴隷解放が盛んであったのだ。アウグストゥスが規制に乗り出すまでは、事実上の野放し状態がつづいていた。これが実情では、リスクを伴わずにはすまない反乱に訴えるよりも、解放奴隷になることに努めるほうがよほど現実的な選択になる。——

これにつづいてきみは、アウグストゥスが成立させた〈奴隷解放規制法〉も具体的に述べている。それは、三人以下の奴隷の所有者は規制外とし、四人以上百人までの奴隷の所有者が解放できる数は、所有数の二分の一、百人から五百人までの奴隷の所有者が解放できる数は、所有数の五分の一、と定めた法だった。すでに初代皇帝アウグストゥスの時代から規制の必要があったということは、ローマでは、キリスト教が支配的になる時代より三百年も昔にすでに、奴隷の解放が珍しいことではなくなっていたということだ。そして、アウグストゥスが法制化したのは、奴隷解放の規制であって、禁止ではなかったことも注目に値すると思う。

とはいえ、右に述べたような境遇の奴隷は、奴隷のうちでは恵まれた部類に属す、家奴隷、または都市奴隷と呼ばれた人々であった。農園で働く奴隷たちの境遇はより厳しく、最低とされていた鉱山で働く奴隷の境遇に至っては、より非人間的なものであったにちがいない。それでも、軍団の出動が必要になるほどの奴隷の反乱は、スパルタクスの乱以後は起っていないことも事実なのだ。戦闘捕虜から剣闘士に変身させられ、その立場からの解放を求めて反乱を起したトラキア生れのスパルタクスが、三年もの間、ローマ軍に対抗できたのは、仲間の剣闘士たちのいずれもが奴隷であったからだった。

しかし、有名なスパルタクスの乱が勃発したのは紀元前七三年。つまり、ローマが高度成長期にあった共和政時代の話です。紀元前二七年には、アウグストゥスによって、防衛を主目的にした帝政がスタートする。そして、それから百年も過ぎない皇帝ネロの時代、剣闘士の三分の二はすでに、強制されてもいないのにこの職業を選んだ自由民で占められていたのだ。死と向い合う危険な職業ゆえに報酬のほうも高額を保証されていたので、職業として選ぶ自由民が増えたからだが、それは同時に、奴隷の供給が減ったからでもあったのだった。

原因は、〈パクス・ロマーナ〉にある。防衛が主になったとはいえ戦闘がなくなったわけではないのだが、攻勢一方であった共和政時代とはやはりちがう。奴隷の一大供給源であった戦争捕虜が、いちじるしく減少したのは確か。といって、ローマ人の生活は奴隷なしでは成り立たない。それでローマ人も、奴隷の供給減少への対策を講じざるをえなくなったのだった。それは、奴隷に対する考え方の変化にもあらわれている。ネロ時代の哲学者セネカによる、親友ルクルスへの手紙という形をとった著作から引用してみよう。

——わたしは、きみがきみ所有の奴隷たちとの間に家族的な関係を結んでいることを伝え知って、心から嬉しく思った。なぜなら、そういうきみの振舞いこそ、きみの教養と賢明さを示しているからだ。それなのに、多くの人は言う。『あいつらは奴隷だよ』

しかし、われわれならば答えるだろう。『いやちがう、人間だ』

それでも、多くの人は言う。『あいつらは奴隷だ』

われわれは、なおも反論する。『いやちがう。われわれの人生の伴侶が彼らだ』

『そんなことはない、奴隷だ』

『ちがう、われわれにとっての控え目な友人だ』

『とんでもない、やつらは奴隷だ』

『いやちがう、われわれでさえも無縁ではいられない、奴隷的環境の同志でもあるのだ。なぜなら、運命からは自由でありえないということでは、われわれも彼らもまったく同じであるのだから』――


法治国家であったローマでは、法律はイコール政策であったのだが、法律上でも、ローマ社会における奴隷の境遇の変化がうかがわれる。そのいくつかを拾うだけでも、次のようになる。

・ティベリウス帝時代（紀元一四年〜三七年）
所有者であろうと奴隷を闘技用に売り渡すことを禁じたペトロニウス法成立。ただし例外はあり、刑事裁判で有罪となった奴隷を売ることは認められていた。

・クラウディウス帝時代（紀元四一年〜五四年）
病気になった奴隷の治療の責任は所有主にあるのに、それを怠り、ティベルティーナ島

（テヴェレ河に浮ぶ中の島で、古代から現代に至るまで一貫して医療施設で占められてきた）に置き去りにするケースがあるが、そのような場合でも全快後の奴隷の再所有権は、もとの持主には認められない。

また、自分のところで治療せず、ティベルティーナ島に捨て置くこともせずに殺してしまう所有者の場合は、通常の殺人罪としての刑罰が科される。

・ハドリアヌス帝時代（紀元一一七年～一三八年）

いかなる理由があろうとも、所有者は所有する奴隷を殺してはならない。刑罰に値する奴隷でも、公の司法機関に告訴し、裁判の結果を待たねばならない。また、屋敷内の牢の設置は認められない。

奴隷が所有者を殺した場合でも、告白を強いる方策としての拷問は、その家の奴隷全員に実施してはならず、殺害現場の近くにいた者にかぎること。

・アントニヌス・ピウス帝時代（紀元一三八年～一六一年）

理由もなく、また限度をわきまえずに成される奴隷に対しての残酷な処置は絶対に許されない。奴隷を殺した者には、通常の殺人罪と同じ刑がくだされる。また、所有主による常識を越えた暴力行為も、自由民に対する暴力行為と同等の処罰の対象になる。

主人の横暴に耐えかねて神殿に逃げこんだ奴隷は、所有主の横暴が実際に存在したと証明されれば、所有主はその奴隷を保持しつづけることは許されず、奴隷市場に売りに出さねばならない。

このようなローマ社会の変化を、キリスト教の影響に帰そうとする現代の研究者は少なくない。しかし、ローマ社会におけるキリスト教の影響が無視できなくなるのは、弾圧が激しくなることでも明らかなように、紀元三世紀半ば以降のことだ。それなのに、奴隷の待遇改善を期した法律は、紀元一世紀と二世紀に集中している。ゆえにこの変化は、奴隷供給の減少による変化と考えるほうが、適切ではないかと思う。

そして、国の定める法律とは無関係に、一般の人々も彼らなりに奴隷の減少への対策を講じていたのだから面白い。それは、一言で言えば、奴隷の〝養殖〟だった。

禁じられていたわけではないので〝解禁〟とは言えないのだが、奴隷同士の結婚が奨励されてその間に子が産れることが、所有主が何よりも歓迎することに変わったのだった。この傾向は都市に住む奴隷にかぎらず、農村にも鉱山にも広まっていく。大農園でも、結婚し子をもつ奴隷は独立した家庭生活が認められるようになり、中世の農奴制への移行の芽があらわれはじめる。最悪とされていた鉱山奴隷の境遇も、生産性向上を考えれば、改善されるしかなかったろう。なぜなら、万単位で奴隷を供給できたほどの戦勝は、〈パクス・ロマーナ〉の確立以降は、紀元一世紀のユダヤの反乱を鎮圧したときと、二世紀のダキア戦役ぐらいしかなかったのだから。

奴隷制度は、啓蒙主義時代の人権宣言によらなくても、賞《ほ》められてよい慣習でないことは、現代人ならば異論のないことだろう。しかし、奴隷制のあった時代には存在した、主人と奴隷との間の強いきずな、あの濃密な信頼関係には、多少なりともノスタルジアを感じないではない。

秘書役の奴隷が病《やまい》に倒れたとき、この男に死なれては著作活動はつづけていけないと絶望した、哲学者キケロ。キケロの著作のほとんどが後代にまで残ったのも、キケロの死の直後にその作品をまとめ、全集としての刊行にまでもっていった、この奴隷の功績によるのです。

また、ブルータス等によってカエサルが暗殺されたときも、奴隷が役に立った。殺害現場になったポンペイウス回廊の大理石の床の上には、血の海の中にカエサルの遺体だけが残っていた。カエサルの右腕といわれていたアントニウスまでが、予想しなかった出来事に仰天し、怖れをなして逃げてしまったからだ。そして周辺には、血刀を手にしたブルータスとその同志十三人が徘徊していた。

　元老院議員の中ではただの一人も勇気をもてなかった情況下で、マルス広場にあるポンペイウス回廊からスブッラの私邸まで、都心を横断して主人の遺体を運んだのがカエサル家の三人の奴隷だった。この三人とカエサルの間柄がどのようなものであったのかを、語ってくれる史料は存在しない。とはいえ、もしかしたら、カエサルとは同年輩で、家庭教師の与える学業もともに受け、午後の肉体鍛練にも同行し、いまだ青年の主人の供でオリエントに旅すれば海賊に捕われるという危険にも遭い、という具合で彼と生涯をともにした奴隷たちであったのかもしれない。

　ローマ史上の有名人物にはしばしば、死までも主人とともにする奴隷がいる。ローマの上流階級には、成長すれば公職に就くことが決まっている息子の秘書のような感じで、家つき奴隷の子を主人の子とともに教育する慣習があったからだった。人間の間での平等は正しいとはわかっていても、強いきずなと身分の平等は、併立できるものか、それともできないものか、考えてしまいますね」

質問17 〈イフ〉の復権はイエスかノーか

「あなたの話を聴いていると、もしも○○ならば、とか、もしかしたら△△であったかもしれない、という言い方がしばしば出てきます。それどころか、シミュレーションまでしてしまう。歴史に接する態度には〈イフ〉は厳禁とされているのに、あなたのような接し方は誤りではないのですか」

「現代の歴史学は、極度に細分化されているという点において、現代の医学と似ている。俗な言い方をすれば、重箱の隅をつっつく型のアプローチでなければ、学問的ではないとされてしまったからだろう。それはそれで、学者にとっては重要であることはわかる。重箱の隅探究型による研究成果までも参考にしてこそ、重箱全体がどうなっていたかの理解も可能になるのだから。

しかし、きみもぼくも、学問的な研究と学生に教えることで給料をもらっている大学の教授ではない。つまりわれわれには、史料とは史実であるという確証があるものにかぎるとした、イフ厳禁式の考え方に縛られる必要まではないということでもある。

ところが、専門の研究者にならば適用の価値はある〈イフ厳禁〉が、なぜか一般の歴史愛好家に対しても適用され、それに誰もが疑いをいだかない状態がつづいているのが現代。

しかし、この現象によって、歴史に接する愉しみがどれほど減少したか。どれほど多くの人が歴史は面白くないと思いこみ、歴史から離れてしまったかを考えてみたことはあるかね。現状では、研究か小説、つまり歴史そのままか歴史離れ、の両極に分離されたままでつづいているのです。

では、歴史愛好家にさえ〈イフ〉を厳禁した結果はどうなったかの好例を、ギリシア史から引いてみよう。史上有名なペリクレスの演説だが、これを紹介しているのは、アテネとスパルタの間で戦われたペロポネソス戦役を叙述した『戦史』の著者のツキディデス。ところがこのアテネの歴史家は、彼自身の考えを登場人物の発言という形にして叙述するということを、しばしばやった人でもあった。それで学者たちの間でも〈イフ厳禁派〉は、ペリクレスのこの演説も、テープレコーダーのなかった時代だから真偽不確か、という理由で無視してしまうのだ。だが、それではあまりにももったいないくらいの演説の傑作。それを読みあげるから聴いてみてください。きみも、ローマ人もスゴイがギリシア人もやっぱりスゴイ、と思うにちがいないのだから。

ペリクレス

——われわれアテネ人は、どの国の政体をも羨望《せんぼう》する必要のない政体をもっている。他国のものをまねしてつくった政体ではない。他国のほうが手本にしたいと思う、政治体制である。少数の者によって支配されるのではなく、市民の多数が参加するわれらの国の政体は、民主政（デモクラティア）と呼ばれる。

この政体下では、すべての市民は平等な権利をもつ。公的な生活に奉仕することによって与えられる名誉も、その人の努力と業績に応じて与えられるのであり、生れや育ちによって与えられるのではない。貧しくとも、国家に利する行為をした者は、その貧しさによって名誉から除外されることはない。

われわれは、公的な生活にかぎらず私的な日常生活でも、完璧な自由を享受して生きている。アテネ市民の享受する自由は、疑いや嫉妬が渦巻くことさえ自由というほど、その完成度は高い。（中略）……子弟の養育に関しても、われわれの競争相手（スパルタ人を暗示）は、ごく若い時期から子弟に厳しい教育をほどこし、それによって勇敢な気質の持主の育成を目指しているが、われわれの国では、彼の国ほどは厳格な教育を子弟に対して与えていない。それでいながら、危機に際しては、彼らより劣る勇気を示したことはなかった。われわれは、試練に対するにも、彼らのように、非人間的な厳しい訓練の末の予定された結果として対するのではない。われわれの一人一人がもつ能力を基とした、決断力で対する。われわれが発揮する勇気は、習慣に縛られ法によって定められたから生れるのではなく、アテネ市民一人一人が日々の生活をおくる際にも発揮している、各自の行動原則から生れる。（中略）……

われわれは、美を愛する。だが、節度をもって。われわれは、知を尊ぶ。しかし、溺れることなしに。われわれは、富を追求する。だがこれも、可能性を保持するためであって、他者に自慢するためではない。アテネでは、貧しいことは恥ではない。だが、貧しさから脱出しようと努めないことは、恥とされる。（中略）……

結論を言えば、われわれのポリスであるアテネは、すべての面でギリシアの学校であるといえよう。そして、われわれの一人一人は、このアテネの市民であるという名誉と経験と資質の総合体によって、一個の完成された人格をもつことになるのだ。これは、単なる言葉のつらなりではない。確たる事実である。われわれのこの考え方と生き方によって強大になった、現在のアテネがそれを実証している。――

まことに格調の高い、異論など差しはさむ余地もない、そしてこれでは、二千五百年後の現代でも民主主義のチャンピオン視されるのも当然と思うしかない正論だ。しかも、ギリシア文明の雄アテネの当時の姿を、この演説くらい明晰《めいせき》に示してくれるものもない。それなのに、録音していないのだから真偽不明、という理由で捨ててしまう学者が少なくない現状は、残念というしかない。きみも学者でないので、『ローマ人の物語』の第一巻で引用したのだろう。

次いであげるのは、ローマの例。この場合も真偽の裏づけのない私信だから、というのが、これを重視しない研究者たちの言い分のようだが。

賽《さい》は投げられた、という言葉とともにルビコン川を越えたユリウス・カエサルは、それを決行したことで内乱の幕を切って落としたことになるが、貴族階級派のポンペイウス軍を追撃しつつも、降伏した将兵たちを捕虜にせず、もちろん殺しもせず、以後の行動は彼らの自由にまかせて釈放してしまう。その彼を賞讃したキケロの手紙への返信が、次に紹介する一文。

——カエサルよりキケロへ

わたしをよく理解してくれているあなたの言うことだから、わたしの振舞いにはあらゆる意味での残忍性が見られないというあなたの言は、信用されてしかるべきだろう。あのように振舞ったこと自体ですでにわたしは満足しているが、あなたまでが（キケロはポンペイウス派だった）それに賛意を寄せてくれるとは、満足を越えて喜びを感ずる。

わたしが自由にした人々が再びわたしに剣を向けることになるとしても、そのようなことには心をわずらわせたくない。何ものにもましてわたしが自分自身に課しているのは、自らの考えに忠実に生きることである。だから、他の人々も、そうであって当然と思う。

学者たちには無視されようと、この一文くらい、カエサルという男の偉大さに肉薄させてくれるものもない。啓蒙時代の人権宣言を、一千八百年も昔に先取りしていたとしてもよいくらい。とはいえ、学者も一色ではないので、あるイギリスの学者は、なぜカエサルがブルータスとその一派に殺されたのかの解釈として、カエサルは、彼の偉大さゆえに殺されたのだ、と言っている。周知のように、ブルータスは、ポンペイウス側で闘って敗れた後にカエサルに許された、多くの

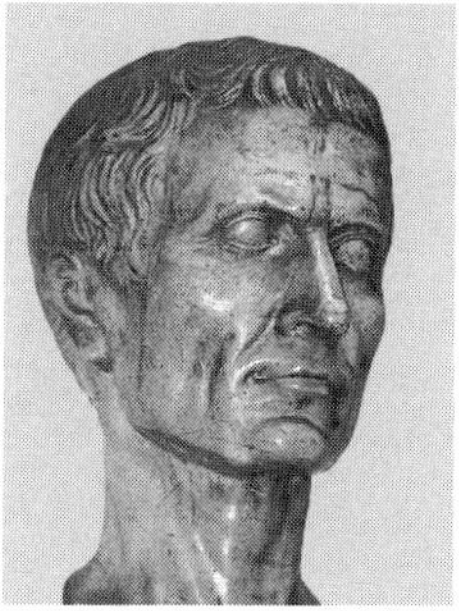

カエサル

人のうちの一人だった。

最後に、アレクサンダー大王の例を引いて終りにしよう。これも、伝承にすぎないとして、学者たちからは無視されてきたエピソードだ。

——伝えられるところによると、あるとき、報告をたずさえて到着した伝令が、喜びを隠しきれないとでもいうように、ニコニコした顔であらわれた。引見したアレクサンダーは、誘われでもしたかのように微笑を浮べながら、伝令に向って言った。なぜそんなに嬉しそうにしているのか、おまえがもってきたのが、ホメロスが生き返ったという知らせでもあるのかね。——

ホメロスの叙事詩『イーリアス』がアレクサンダーの愛読書であったことは、広く知られた事実だ。ペルシア王ダリウスとの会戦に完勝した後で手にした見事な工芸品の小箱に、何を納めるかと問われて、わたしにとっての最も貴重な品、と言いながら納めたのが、『イーリアス』の一巻だった。それゆえこのエピソードは、二十代に入ったばかりの若きロマンティストを眼前にするようで、微笑を誘われないではすみません。

それなのにこの三例はすべて、学者と自認している人々からは、学問的でないという理由で捨てられてしまう。そして、このようにして想像の芽をつみとってしまった結果はどうなったか。

人間が生きていない歴史叙述か、でなければ、歴史の衣装はまとってはいても中身は現代人である人々が動きまわる小説か、だけになってしまった。歴史の面白さは、読む側が想像力を働かせてこそ味わえるものであるにもかかわらず。

何よりもまず、ペリクレス、カエサル、アレクサンダーの言（とされている、としても）を、この三人の顔を眺めながら読んでみてほしい。大理石の物体でしかなかった彫像でも血が通いはじめ、生きた人間に見えてはこないだろうか。

アレクサンダー大王

学問的な観点からすればとりあげる価値なしとされているこの種の〈証言〉を丹念に拾っていくならば、史実に忠実を期すとはいっても会話の部分は創作するしかない歴史小説という形式に、わざわざ頼る必要もなくなるとさえ思えてくる。もちろん、文学作品としての歴史小説の価値は、充分に認めるにしても。

歴史を書くなどという考え自体が、わたしにすれば、傲慢で不遜な考えとしか映りません。後世の人間にできることは、検証することぐらいではないかと思う。そのためにも、学説とか史観とかの検証の妨げになりかねない事柄はきれいさっぱり捨てさり、虚心に歴史と向い合うのが、歴史に親しむ王道であろうと思っている」

「関連質問を、一つだけさせてください。あなたのように歴史を考える人にとって、歴史はくり返すのでしょうか、それとも、くり返さないのでしょうか」

「ローマ帝国の本国にあたるイタリアの小麦の必要量の、三分の一をまかなっていたのはエジプトだった。

そのエジプトに政情不安が起ったという知らせがとどいただけで、首都ローマの市場から小麦は姿を消す。備蓄充分につき買いだめの理由なしと、皇帝が緊急布告を出さねばならなかったほどだった。

オイル・ショック当時の日本では、トイレットペーパーが姿を消したという。小麦とトイレットペーパーは同じ物ではないから、その意味ならば歴史はくり返さない。しかし、そのような事態に大衆はどう反応するかということならば、歴史はくり返す。だからこそ、歴史に学ぶ、という態度自体も、知識の集積を意味するよりも人間の行為の原因を探ることのほうに、重点が置かれるべきではないだろうか」

質問18　女について

「これまでの話の中に、女性はほとんど出てきませんでした。とはいっても、そもそも国家ローマそのものが男性的な共同体の印象が強い。その男の世界の女たちの実態は、どのようなものだったのでしょうか」

「結論を先に言ってしまえば、ギリシア時代の女に比べてローマの女の立場は、強く確固としたものだった。

ギリシアのアテネでは、宴への同席はヘタイラと呼ばれた高級遊女にしか許されていなかったのに対し、ローマでは、マトローナ（Matrona）と呼ばれる既婚婦人には同席が認められていたのだから。

教育も、初等と中等までは男女平等。当時の国際語であったギリシア語を学ぶ高等教育ですら、男同様に受けていた女たちも少なくなかった。

マトローナという言葉自体を、主婦と訳すことはできない。公務で国を外にしがちな夫に代わって、というよりも国内にいても公務に専念しなければならない夫の代わりに、家内をとりしきるのがマトローナの役割であったからだ。とくに重要とされていたのは、子供たちの養育。家庭教師を誰にするか、体育はどの競技場に通わせるか、成人式の証人に

良家の婦人の服装

は誰を頼むか、結婚の相手も、息子の今後のキャリアを考え、どの家門の娘にするか、等々。

マザー・コンプレックスという概念がなかったのが幸いとでもいう感じの母親と息子との密な関係が、ローマ社会の母子関係であったのだった。とはいえ、何でも世話するという関係から、何でも相談の相手になるという関係に進むのが、息子が成人して以後の母子関係であったのはもちろんのこと。グラックス兄弟の母コルネリア、カエサルの母アウレリアが、その見本とされていたくらいだから。

上流の既婚婦人にとくに多く見られた例、という条件づきにしろ、ローマの女たちの立場はかくも強かったのだが、ために史実のほうも枚挙にいとまがないという感じ。それゆえに、あげる例も二例にとどめます。第一は、紀元前二世紀の一エピソード。

ハンニバルを破ったスキピオ・アフリカヌスの政敵であり、カルタゴ殲滅《せんめつ》派の急先鋒でもあった大カトーは演説の巧者としても有名であった人だが、彼はあるときの元老院会議の席上で、次のように言って笑いを買ったものだった。

――世界の覇者になったはずの諸君の上にもう一つ、女房という覇者がいる。――

第二は、紀元後一世紀の、ティベリウス帝時代のエピソード。場所も同じ、元老院議場。一人の議員が、任地に赴任する属州総督には妻の同伴までは求めない、とした法案を提出した。議場はそれをめぐって討議の火花を散らすことになるのだが、この面白さを満喫するには、交わされた議論を逐一追うしかない。ここではそれをする余裕はないので、結果だけを言えば、この法案は可決されたのだった。

帰宅後に妻に文句を言われたのではかなわない、と思った議員が多かったのだろう。女は誰でも、快適な首都ぐらしが好きな動物だから。

なぜかくもローマでは女の立場が強かったかというと、女にも資産権が認められていたからです。ローマ法の基本法は、私有財産の保護に発しているとしてもよいくらいで、女にも資産権が認められていたのも、その考え方の当然の帰結ということでもある。ローマでは唯一の成文法としてもよい紀元前四四九年成立の〈十二表法〉にすでに明記されていたとする説が正しければ、いまだローマがイタリア半島の一勢力にすぎなかった時代にすでに、女の資産権は確立していたということになる。ローマの女の強さの原因は、経済上の自立にあったのだから。

親の資産分与は、息子でも娘でも平等。娘が結婚するときに、それは持参金に変わるのが普通。妻の持参金をどう活用するかは、夫にその気があれば夫に、妻が自分でしたいと思えば妻にあったのは当然だが、夫が運用する場合でも、離婚にでもなれば妻に返済する義務があった。ローマ人の遺産相続には妻の名が見られないのも、妻はすでに持参金という形の資産者であったからだとする説もあるくらい。

このローマの女を示す、愉快な一例を紹介しよう。これもまた、法治国家ローマだからこそあらわれた、女弁護士の話でもあるのです。


紀元前四二年、首都ローマは、天下分け目の合戦を前にして戦闘気分でわき立っていた。二年前に殺されたカエサルの仇を討とうと、カエサルの養子のオクタヴィアヌス（皇帝になってからの名はアウグストゥス）と、カエサルの右腕であったアントニウス（この後でクレオパトラとの恋愛で有名になる）の二人が、カエサル暗殺の首謀者のブルータスとカシウスを敵にまわしての合戦のための準備中であったからだ。戦場は、敵二人が逃げているギリシアになるのは必定で、カエサル派の二将は軍を率いてギリシアに出向かねばならなかった。

先立つものは金《かね》です。ブルータス派は豊かなオリエントの諸地方から特別税を徴収して戦費を集めていたので問題はなかったのだが、カエサル派は本国イタリアで調達しなければならない。被支配者の住むオリエントの属州とはちがって、支配者ローマ人の住む本国では、むやみやたらと徴収するわけにもいかない。それでカエサル派の二将は、リストアップしたローマ在住の裕福な既婚婦人一千四百人から、特別税を徴収すると決めたのだった。女であろうとも国難の解消には協力すべし、というわけ。

これにＮＯと言ったのが、一千四百の〈マトローナ〉たち。彼女たちは、不当なこの処置の撤回を求めた訴訟を起すことで一致した。

ところが、それを代行してくれる弁護士の成り手がない。男の弁護士たちには、二大権力者のオクタヴィアヌスとアントニウスに、法廷内とはいえ敵対する勇気がない。そのようなことをしただけで、ブルータス派と目されるのが怖しかったからだ。女たちは、それでも後に退かなかった。彼女たちのうちの一人が、弁護に立つことになったのだった。

ホルテンシアは、キケロとともに法曹界のプリンスと並び称された、弁護士で執政官も務めたホルテンシウスの娘。いかに法治国家ローマでも、女では法廷に立った経験はない。

しかし、法律を、教師が教える学問ではなくて食卓の話題と考えていたローマの、それも一、二を争うほどに有名であった弁護士の娘。経験はなくてもやってみる、と決めたのだった。

その日のユリウス公会堂は、満員の傍聴人であふれかえっていたにちがいない。常ならば幕で四等分されて四つの裁判が同時に行われるのが、その日はこの裁判一つであったといわれているから。訴えられた二人の権力者が出廷していたという史実はない。だが、もしかしたら彼らも、初の女弁護士の弁論には興味をそそられ、列席していたかもしれない。いずれにしろ、ローマ中の注目を浴びて裁判ははじまったのだった。

ホルテンシアの弁論の論旨を一言でまとめれば、『権利なきところに義務はなし』、につきる。女の公職への就任は認められていないのに、税金を払わされるのは納得がいかない。自主的な寄付ならいざしらず、強制的な徴収に応ずる義務は女にはない、というわけだ。

ローマの裁判は、二十五人の陪審員の評決で決まる。ホルテンシアが展開した堂々たる弁論の末に出た評決は、勝訴。傍聴席を埋めた女たちがあげる大歓声の一方で、ローマの二大権力者の苦《にが》い顔が見えるようではないか。

このときのオクタヴィアヌスは、皇帝になってアウグストゥスと名乗るようになった後でも、もう一度、女たちにやられたのだから笑ってしまうけれど。

初代皇帝アウグストゥスが成立させた法の一つに、〈ユリウス姦通罪・婚外交渉罪法〉があった。要するに姦通を罰する法律だが、これによれば、不倫関係を結んだ女が有夫の身である場合、資産の三分の一を没収されたうえに離島への追放に処す、と決まっていたのだ。

ローマの女たちは、これを骨抜きにすることに成功したのだった。どのようにして？〈ユリウス姦通罪法〉の適用対象に、娼婦がふくまれていないことに眼をつけたのだった。それで、姦通がバレて法廷に引き出されそうになると、わたしにとってはこれが職業、と言い立てることで免れる。この現象に腹を立てた二代目皇帝のティベリウスが、元老院階級と騎士階級に属す女には娼婦になることを禁ずる法を成立させたほどである。それでも、ユリウス・クラウディウス朝と呼ばれるアウグストゥスからネロまでの百年の間に、〈ユリウス姦通罪法〉で起訴されたのは二十一例というのだから、この法の骨抜きは成功したと言ってよい。神君アウグストゥスの成したことにも、愚策はあったということだろう。

なぜなら、この法に関するかぎりは、女たちのほうに理《ことわり》があったからだ。不倫とか姦通は、当事者間で、つまりは私的に解決さるべき問題であって、公《おおやけ》が介入するたぐいの問題ではない。ローマ人は、私有財産の保護が議論の余地もない大前提であったことが示すように、〈私〉と〈公〉をはっきりと区別する民族だった。〈ユリウス姦通罪法〉は、あのアウグストゥスにしては珍しく、ローマ人の気質への配慮を怠った法律であったのだ。

男ならば、生れ変わるのならば古代のギリシアかローマかと問われて、迷う人も少なくないかもしれない。しかし、女ならば、迷うことなくローマと答えるのではないかと思う。清く正しくとはいえこの愉快な女たちも、キリスト教の普及とともに沈黙するように変わる。清く正しきキリスト教の社会では、女たちにもまた、清く正しい行いのみが求められたからだった」

質問19　蛮族について

「ローマ帝国が滅亡したのは、帝国末期に起った蛮族の侵入によってであったといわれています。これも真実ですか」

「直接的な要因としてならば事実ではあるだろう。しかし、歴史上でいわれる蛮族の侵入とは、紀元後の五世紀になって突然に、発生した現象ではない。簡単に言ってしまえば、ローマ人の歴史は、蛮族の侵入の歴史と重なる、としてもよいくらい。

なぜなら、古代における蛮族の侵入の実態を見れば、次の三とおりに大別できるのだから。

第一は、飢饉《ききん》などが原因で食べていけなくなった人々が、食を求めて侵入してくるケース。

第二は、自分たちよりは勇猛な他の部族に襲撃され、家を捨てて逃げざるをえなかった場合。

第三は、豊かな人々を襲ってその持物を奪ったり、人質にして身代金を稼ぐことによって生活を成り立たせてきた人々が、それが目的で襲撃してくる場合。

それゆえに、蛮族に侵入されることは、生活水準の向上に努め、それに成功すればするほど避けることがむずかしくなるという、文明国の宿命のようなものでもあったのだった。現代の不法入国者が数万の規模で群れをなし、武器をもって侵入してきたとしたらどうなるか、と考えれば、ローマ人が侵入してくる蛮族に抱いた想いも想像可能だと思う。

ローマ人がはじめて本格的な蛮族の侵入を経験するのは、紀元前三九〇年のケルト族の来襲によってです。ケルト人とはギリシア式の呼び名で、ラテン語読みになるとガリア人となるけれど。

このときは首都ローマまで占拠され、ローマ側に残ったのは七つの丘の一つのカピトリーノのみという、絶望的な状態まで経験させられたのだった。どうやら、このときのガリア人の目的は単なる強奪でしかなかったようで、ローマ側が金を積んで退散願ったというのが歴史上の真実のようだが、このような体験をした民族の以後の生き方は二つに分れる。

第一は、敵を防ぐに適した高地に移住し、その周囲を堅固な城壁で固めた都市をつくり、その内部で防御専心の生き方に徹する。

第二は、これまでのような平地ぐらしをつづけながらも、最良の防御は攻撃にあると考え、以前同様の攻勢路線を以後もつづける。

ローマ人が第二の生き方を選択したのは、その後のローマ史が実証するところです。また、ローマ人とは、戦勝を記念する日を国の祭日にするとともに、敗北を喫した日も長く忘れない民族でもあったので、紀元前三九〇年の屈辱は、いずれは雪辱されねばならなかった。

あのときに首都ローマまで占拠したガリア人は北部イタリアに住んでいた部族であったようで、中伊と南伊の制覇を終えたローマは、紀元前二世紀、いよいよ北伊に攻勢の的をしぼる。これに成功して以後は、ルビコン以北の北イタリアは、属州としてローマの覇権下に入ることになる。ローマ起源の都市であるボローニャやフィレンツェとちがって、ミラノやトリノは、あの一帯に住んでいたガリア人の部族の根拠地から発した都市なのだから。

あの頃からは二千二百年が過ぎていながら、現在でもミラノのサッカーチームのサポーターたちは、二本の角を立てたガリア式のかぶとをまねしたものをかぶって気勢をあげる。それも、ローマのチーム相手だと一段と盛んになるようだから面白い。

話を二千年昔にもどせば、このようにしてもともとはガリア人が住人であった北イタリアと南フランス一帯のローマ化には成功したのだが、なにしろ蛮族に侵入されるのは豊かになった国の宿命だから、これで蛮族問題が解消されたわけではまったくない。北伊と南仏の住人が蛮族でなくなって一安心していたローマ人目がけて、紀元前二世紀も終ろうとする頃、現ドイツやデンマークのような遠方に住んでいた蛮族が大挙して南下してきた。武器をもつ男だけでも、十万を越える数の来襲だった。

このときは、激闘をくり返した末にしろ、敵に壊滅的な痛手を与えての撃退には成功する。しかし、ローマ人は、アルプス山脈を〈楯〉とするだけでは安心できないと思いはじめていたのだ。すでにハンニバルによって、大軍のアルプス越えも充分に可能であることが実証されてもいた。

紀元前一世紀半ば、カエサルによってガリア戦役が開始される。この時期のカエサルの頭にあった多くの目的のうちの一つが、国家ローマの防衛線をアルプスからライン河に移行することにあったのは、彼自らが書いた『ガリア戦記』を読むだけでわかる。山脈よりも大河のほうが、防衛には適している。守る側にとって、見えない敵くらい怖しい存在はないから。ゆえに、指揮官にとっての第一の任務は、敵を見せること。カエサルがライン河と並ぶ北の防衛線としてドナウ河を考えていたことは、準備完了していながら暗殺で中止されたパルティア遠征の帰途を、ドナウ河沿いに計画していたことでも推測可能です。

そして、このカエサルの後を継いだアウグストゥスとその後の皇帝たちによって、帝国の北の防衛線はラインとドナウの両大河と決まり、その河岸には、防衛拠点である軍団基地が建設されていく。攻勢の時代は終り、守りの時代に入ったということでもある。ケルン、ボン、マインツ、ストラスブール、アウグスブルグ、ウィーン、ブダペスト、ベオグラードと、数珠つなぎに建設されていったこれらローマ軍の軍団基地が相手にすることになった敵こそが、帝政時代のローマ人にとっての蛮族であったのだった。

ローマ皇帝の二大責務は、統治下にある国民の安全と食の保証であると、ローマ人は考えていた。〈食〉は〈職〉でもあり、いずれも平和が維持されてこそ達成も容易という性質を持つ。それゆえに、防衛が最重要視されたのも当然で、必要となれば皇帝でも最前線に駆けつける。マルクス・アウレリウス帝は軍務遂行中にウィーンで死に、セプティミウス・セヴェルス帝はヨークで死ぬ。皇帝の健康よりも帝国の防衛が優先されても、誰もが不思議に思わないほどに防衛の重要性への意識が高ければ、実際の防衛の機能も高まる。こうして、ローマ人は長期にわたって、蛮族の侵入阻止に成功してきたのです。

しかも、ローマ人がローマ人であった所以《ゆえん》は、ここまで述べてきた〈タカ派〉路線のみではなく、〈ハト派〉路線も併用していたことにもある。つまり、防衛線の外に住む者すべてを敵と見るのではなく、補充兵力の提供や物資の購入先という関係をもつことで、これを良しとする蛮族との間には、友好的な関係を樹立することを忘れなかった。ローマ人は、味方である属州民を分割することで統治したが、敵である蛮族に対しても、〈分割し、統治せよ〉（Divide et impera）のモットーを実践してきたのだった。

とはいえ、このハト派路線は、ローマ人と接触する蛮族に対してしか効力を発揮しないという欠陥がある。そして、真に怖しい敵は、接触しようにもできないはるか遠くに住む、現代で言えば『中欧』に住む、蛮族であったのだった。

紀元五世紀に入るや、もはや民族の大移動と呼ぶしかないほどに勢いを増した蛮族の侵入が、すでに東西に分れていたローマ帝国の息の根を止めることになったのは確か。しかし、この問題の解明には、さらに一歩踏みこむ必要がある。つまり、ローマの歴史と蛮族侵入の歴史は重なるとしてもよいほどに侵入阻止に成功してきたローマ人が、なぜある時期を境にして阻止できなくなったのか。東ローマ帝国では阻止できたのに、なぜ西ローマ帝国では阻止できなかったのか。

真の問題は、こちらのほうにあるのです。それゆえ答えも、これに答えないかぎり答えにはならない」

「ならば、答えてください」

「書物にすれば五巻にもなること必定の大問題に簡単に答えることは、誰であろうと不可能でしょう」

質問20　なぜローマは滅亡したのか

「お話を聴いていると、ローマ人とはつくづくスゴイ民族だという想いが強くなる一方です。しかし、そのローマ人ですら衰退し滅亡した。だから、最後にはやはり、誰もがいだく疑問をぶつけるしかありません。つまり、ローマ帝国はなぜ滅亡したのでしょうか」

「その質問に対しては、教養書としての歴史書ではいまだに巨峰でありつづける『ローマ帝国衰亡史』の著者の、エドワード・ギボン（一七三七〜九四）に答えてもらうのが最適だろう。彼は、次のように書いている。

――ローマの衰亡は、並はずれて偉大な文明のたどり着く先として、ごく自然で不可避な結果であった。（中略）……ゆえに、人間の努力によるこの大建造物をささえていた各部分が、時代か状況かによってゆらぎはじめるや、見事な大建築は、自らの重量によって瓦解《がかい》したのである。

ローマの滅亡は、それゆえに、個々の要因を探るよりも、全体として不可避であったと考えるべきではないか。だから、なぜ滅亡したのかと問うよりも、なぜあれほども長期にわたって存続できたのか、について問うべきなのである。――

まったく、ギボンの言うとおりなのだ。ところが、彼以後の歴史家たちの間で、存続の要因の検証よりも滅亡の要因を探ることのほうが大勢になってしまったのには、当のギボンにも責任があったのだった。

ギボンは、ローマ人がつくった見事な大建築がローマ帝国であった、としている。ところが彼は、『ローマ帝国衰亡史』を、紀元二世紀末から書きはじめている。つまり、大建築をささえていた各部分がゆらぎはじめた時期から、筆を起しているのだ。

しかし、なぜあれほども長期にわたって大建築が存続しつづけたかの要因を知るには、その大建築はどのようにして建てられ、どのように補強されることで維持されてきたのか、についてもわかっていなければならない。つまり、建造の時代としては建国から共和政崩壊まで、維持の時代としては、帝政移行時から五賢帝時代の末期までのローマ史を知ることが先決する、ということ。

ギボンは、これをやってくれなかったのだった。もちろん、〈部分〉がゆらぎはじめたり落下したりするたびに、なぜそのようなことが起ったのかについての検証はしてくれている。しかしこれでは、健在であった時代の見事な大建築の全貌は、いつになっても見えてこない。見えなくては、その大建築が並はずれて偉大な文明であったと説かれても、聴く側のもつ印象は不明確なままで残る。

なぜ彼は、『ローマ帝国盛衰史』とでも題して、建国から滅亡までの、人間にたとえれば誕生から死までの、ローマ史を書かなかったのか。なぜ、衰退の徴候が表われはじめた時代から死までの、ローマ史しか書かなかったのか。

ギボンもまた、時代の子であることから逃れられなかったのでしょう。十八世紀の啓蒙主義時代に生きた彼は、あの時代の多くの知識人がそうであったように、人間の理性に全幅の信頼を寄せていたにちがいない。西欧の歴史の四千年の経験はわれわれヨーロッパ人の未来への希望を高め、不安を減ずるのに役立たせねばならない、と書いた人ですからね。このギボンは、ローマの崩壊を見事に叙述した後で、次のようにも書いている。

――どの時代でも、それ以前よりは進歩してきた。これからも人類は、進歩しつづけるであろう。富も幸福も知識も、おそらく人類の徳までも、増えつづけていくにちがいない。

――

このように考えられた時代に生きた人は幸せであったとするしかないが、ここにギボンの、興隆期と安定期のローマ人への関心の薄さの原因を探ることができる。

ギボンは、彼自身が属す大英帝国と、その大英帝国が先頭に立って前進中のヨーロッパ文明が、ローマ文明を越えると考えていたのだろう。自分たちのほうが、ローマ人より進歩しているのだ、と。それゆえに、ローマ人の歴史を学ぶことが自分たちにとって役立つのは、興隆期や安定期ではなく、衰亡期のローマ史のほうである、と。だからこそ彼は、『ローマ帝国盛衰史』ではなく、『ローマ帝国衰亡史』を書いたのではないか。

とはいえ、ギボンの業績が偉大であることは、二百年過ぎた現代でもまったく変わりはない。ただし、『ローマ帝国衰亡史』は、やはりこのような諸々の事情を頭に置いて、読まれるべきであろうとは思う」

「ギボンの読み方はわかりましたが、あなた自身は私の質問に答えてはくれていません。くり返しますが、あなたの考えでは、ローマはなぜ滅亡したのですか」

「ギボンに代弁してもらったのは、質問するきみ自身がまだ、ローマ世界を、完全に視界に入れてはいないからだ。

全部で十五巻を予定しているきみが執筆中の『ローマ人の物語』では、第一巻から第五巻までで、ギボンのいう見事な大建築を建てるまでがあつかわれ、第六巻から第十巻までは、この大建築の完成と維持が物語られ、第十一巻から最後の第十五巻までで、部分がゆらぎ落下しはじめるところから完全に崩壊するまでが物語られることになるのだろう。第八巻までが刊行済みで第九巻は準備中、というのが、現在のきみの状況。

またきみは、現代から過去を眺め、評価し裁くという態度をとらないことで一貫してきた。言ってみれば密着取材型で、その時代に生きた人々がどう考えていたかが最重要事になる。ドキュメンタリー・フィルムの制作でもしているかのような状態。そのためにも、その時代の人々が考えもしなかったことはきみも考えないという、姿勢をとりつづけてきたわけだ。であれば、第九巻のテーマである帝国最盛期の五賢帝時代を勉強中の今は、あの時代のローマ人ならば考えもしなかった帝国の滅亡を、きみもまた考えてはいけないということになる。

しかし、ローマ人に肉迫するとは言っても、それは彼らとの同化までは意味しない。ギボンが、人間の理性に全幅の信頼を寄せることのできた十八世紀という時代の子ならば、きみのほうは、フランス革命や社会主義革命の結果ゆえか、人間の理性に信を置くことがむずかしくなったのが特色の一つでもある、二十世紀という時代の子であるからです。

そのきみの日常は、二十世紀と古代を結ぶタイムトンネルを往復する日々のようなものだろう。そして、もしもユリウス・カエサルを書いていた当時にローマの滅亡について質問されたとしたら、目下の私の関心事ではない、の一言で終りにしていたにちがいない。しかし今や、ローマ人ときみの密着関係は、五賢帝時代にまでおよんできた。きみにとってのローマ人も、帝国の絶頂期を満喫中というところ。そして、頂点に立てば、残るは下降しかない。つまり、帝国の滅亡も、はるか彼方にしろ、視界には入ってきたということになる。

とはいえ、ようやく視界に入ってきた程度では、本格的な調査勉強には手をつけていないということだから、視界はまだ明快にはなっていないだろう。だから、これから話すのは、そういう状態にあるきみへの答えとして聴いてほしいのだ。

ローマ滅亡の要因は、それを口にする歴史家の数ほどある、といわれるように、一つであるとは誰一人考えていない。とはいえ、その中でも最も支配的であった考えは、堕落する一方のローマを清新なキリスト教が救おうとしたが、時すでに遅しで、堕落の度合がより強かった西ローマ帝国は滅亡した、というものであったと思う。

これがぼくには、納得がいかないのだ。なぜなら、偏見なしに歴史を見れば、悪徳や非道がまかり通り、タキトゥスのような良心的な知識人を悲憤慷慨させていた時代でもローマは興隆しつづけたのだから。

悪徳がローマ滅亡の要因ならば、時代が進むにつれて悪徳のほうも増大していなければならない。ところが、ローマ衰退のはじまりとギボンもいう二世紀末以降は、姦通も離婚も減少して一夫一婦制も守られるようになり、借金とその原因であった浪費も鎮静化するという具合で、ローマ人の生活はより健全化していたのだった。しかし、それにもかかわらず、ローマの衰退を引き止めることはできなかった。

これは、時すでに遅し、だけで答えが出せるものだろうか。また、キリスト教は、時すでに遅しでなければ、ローマ帝国を救えたであろうか。

ぼくの想像では、所詮はローマ人の気力の衰えに帰すのではないかと思う。覇気が失われたと言い換えてもよい。悪行でも、それをするにはエネルギーが必要だ。ローマ人は、あれほどの規模で善悪ともに発揮されていた、バイタリティーを失っていったのではないか。そして、それが自信を失った結果であるならば、なぜローマ人はある時期を境にして、自信を失うように変わってしまったのか。

ローマはなぜ滅亡したのか、に答えるには、ローマ人はなぜ、いつ、何が原因で自信を喪失するようになっていくのか、に答えればよいとさえ考えているのだ。

それをきみは、最後の五巻で書いていくつもりでいるんだね」

　真夏の午後の日差しも、その頃ともなるとかげりはじめていた。ローマの男と私との対話も、優しく水を噴きあげる噴水のそばに席を移してつづいていたのだが、それも日差しが落ちるのにつれて終わりに近づいていた。その間に供されたのは、一人だけ残っていた召使が持ってきた、イタリア語では〈チェードロ〉と呼ぶ果実をしぼった涼しい一杯。それを口にしながら、古代のローマの男は言う。

「日本人はこれを何と呼ぶの？　われわれの言葉（ラテン語）では〈チトルス〉と呼ぶけれど」

「日本ではシトロンと呼びます。レモンに似ていてもより大型で肉も厚く、砂糖煮にするのに適しているとか」

「レモン？　それは知らないな」

「古代のローマ人が知らないのも当然です。中世になってアラビア人が持ちこんで、ヨーロッパに広まった果実ですから」

　そのシトロンの最後の一杯が、退きどきが来たことを私に気づかせた。立ちあがった私に、ローマの男は言った。

「いつか、きみにまた古代のローマに迷いこむ勇気がわいてきたときに、会うことができるだろう。そのときを愉しみにしている。

とは言っても、この夏が終れば次の任地に送られることになっているんだ。派遣先は、ドナウ沿岸のローマ軍基地。ただし、そのどこに送られるかは、夏休みを終えた皇帝がローマにもどってきてから決まることになっている」

「ドナウ沿岸となれば、ウィーンでもブダペストでも、対蛮族の最前線基地ではないですか」

こう問うた私に、ローマの男は静かな口調で応じた。

「そうね。このわたしでも今や、最前線基地の防衛を託せる年頃にはなった、と思えばいいのさ」

私には、一言しか口にできなかった。「ボナ・フォルトゥーナ」(幸運を祈ります)としか言えなかった。

27	オクタヴィアヌス、アウグストゥスの尊称を受け、初代皇帝になる
後 14	アウグストゥス没し、ティベリウスが第 2 代皇帝に即位。アウグストゥスからカリグラ、クラウディウス、ネロ（68 年自殺）までをユリウス・クラウディウス朝と呼ぶ
64	ローマ大火。ネロ、キリスト教徒を処刑
69	内乱期をへてヴェスパシアヌスが即位。以後、ティトゥス、ドミティアヌス（～96）までをフラヴィウス朝と呼ぶ
79	ヴェスヴィオ火山大噴火でポンペイ埋没
96	ネルヴァ即位（以後、トライアヌス、ハドリアヌス、アントニヌス・ピウス、マルクス・アウレリウスまでを五賢帝時代と呼ぶ）
135	ハドリアヌス、ユダヤ戦争に勝利し、以後、ユダヤ人のディアスポラ始まる
235	軍人皇帝時代始まる（～284）
284	ディオクレティアヌスが即位
293	ディオクレティアヌス、四分割統治を行う
303	キリスト教徒の大迫害（～304）
324	コンスタンティヌス、帝国を再統一
330	コンスタンティノープルに遷都
337	コンスタンティヌス没し、帝国を三分割
376	ゲルマン人、ローマ領内に移動開始
381	テオドシウス、キリスト教を国教とする
395	西ローマ帝国と東ローマ帝国に分裂
476	西ローマ帝国滅亡
1453	オスマントルコにより東ローマ帝国滅亡

P. 22、P. 67 の写真は新潮社提供。図版作成にあたっては新潮社刊『ローマ人の物語』Ⅰ、Ⅱ、Ⅴ、Ⅵおよび新潮 45 編集部・編《塩野七生『ローマ人の物語』の旅：コンプリート・ガイドブック》を参考にしました。

前 326	サムニウム戦争始まる（～304）	
312	アッピア街道敷設…………	セレウコス朝シリア始まる
311	ローマ艦隊創設	
304	…………………………	エジプト・プトレマイオス朝成立
301	…………………………	アレクサンダー帝国分解（マケドニア、シリア、エジプトなど）
287	ホルテンシウス法成立。身分闘争終結	
264	第 1 次ポエニ戦役（～241）	
218	第 2 次ポエニ戦役（～201）………	ハンニバル、アルプス越え
215	…………………………	第 1 次マケドニア戦争（～205）
202	ザマの会戦でスキピオ、ハンニバルを破る	
200	…………………………	第 2 次マケドニア戦争（～197）
196	フラミニヌス、ギリシア諸都市の自由を宣言する	
195	…………………………	ハンニバル、シリアに亡命
192	シリア戦争始まる（～188）	
171	…………………………	第 3 次マケドニア戦争（～168）
167	…………………………	ポリビオス、人質としてローマへ
149	第 3 次ポエニ戦役（～146） 大カトー没	
133	ティベリウス・グラックス、護民官に就任するも暗殺される	
121	ガイウス・グラックス、護民官に就任するも自殺に追い込まれる	
100	ユリウス・カエサル生れる	
89	全イタリア同盟市民に市民権賦与	
88	スッラが執政官になりマリウスと対立、内乱状態になる	
78	スッラが没しポンペイウスが台頭	
73	スパルタクスの乱（～71）	
60	カエサル、ポンペイウス、クラッススによる第 1 回三頭政治成立	
58	カエサル、ガリア遠征開始（～51）	
49	カエサル、ルビコン川を渡り、内乱始まる	
44	カエサル、終身独裁官となるがブルータスらによって暗殺	
43	アントニウス、レピドゥス、オクタヴィアヌスによる第 2 回三頭政治	
30	オクタヴィアヌス、アレクサンドリアに入城、クレオパトラは自決	

古代ローマ・ギリシア・オリエント略年表

年　代	ロ　ー　マ	ギリシア・オリエント
前1000	……	ヘブライ王国成立。ダヴィデ王、ソロモン王のもとに繁栄。前922頃に滅亡
810	……	フェニキア人、カルタゴを建設
800	……	ギリシア、ポリス時代始まる
753	ロムルス、ローマを建国。王政時代、始まる	
594	……	アテネ、ソロンの改革
586	……	ユダヤ王国、滅亡。バビロンの捕囚（～538）
509	王政を廃し共和政へ	
494	護民官を設置	
492	……	第1次ペルシア戦役勃発
480	……	サラミスの海戦でペルシア、ギリシアに敗れる
477	……	アテネを盟主にデロス同盟成立
449	ローマ最古の成文法「十二表法」採択される	
443	……	ギリシア、ペリクレス時代始まる（～429）
431	……	ペロポネソス戦役（～404）
409	……	カルタゴ、シチリアに遠征
396	……	カルタゴ、シラクサを攻撃
390	ケルト族、ローマを略奪	
367	リキニウス・セクスティウス法成立	
338	ラテン戦争に勝利してローマ連合成立	
336	……	マケドニアのアレクサンダー大王即位（～323）
331	……	アレクサンダー大王、ペルシア征服

五賢帝時代の
ローマ帝国最大版図
0
250
500km
N
モスクワ
ワルシャワ
ドン河
ボルガ河
カスピ海
サルマティア
ボスフォロス
ダキア
黒海
ドナウ河
モエシア
トラキア
イスタンブール
マケドニア
テッサロニーキ
アルメニア
カッパドキア
ティグリス河
ペルガモン
小アジア
アテネ
メソポタミア
アンティオキア
ユーフラテス河
オニア海
スパルタ
ギリシア
エーゲ海
キプロス
シリア
パルティア
クレタ
ダマスカス
中
海
ガリラヤ
イェルサレム
キレネ
ナイル河
パレスティーナ
アレクサンドリア
キレナイカ
アラビア
エジプト

地図製作=綜合精図研究所

塩野七生（しおの ななみ）

1937年7月、東京生まれ。学習院大学文学部哲学科卒業後、イタリアに遊学。68年から執筆活動を開始。70年、『チェーザレ・ボルジアあるいは優雅なる冷酷』で毎日出版文化賞を受賞。この年よりイタリアに在住。81年、『海の都の物語』でサントリー学芸賞。82年、菊池寛賞。88年、『わが友マキアヴェッリ』で女流文学賞。99年、司馬遼太郎賞。2002年にはイタリア政府より国家功労勲章を授与される。07年、文化功労者に。『ローマ人の物語』は06年に全15巻が完結。『ルネサンスの女たち』『男たちへ』『ローマ亡き後の地中海世界』『十字軍物語』『ギリシア人の物語』など著書多数。

文春新書

1411

完全版《かんぜんばん》　ローマ人《じん》への質問《しつもん》

2023年6月20日　第1刷発行

著　者		塩　野　七　生
発行者		大　松　芳　男
発行所	株式会社	文　藝　春　秋

〒102-8008　東京都千代田区紀尾井町3-23
電話（03）3265-1211（代表）

印刷所	理　想　社
付物印刷	大　日　本　印　刷
製本所	加　藤　製　本

定価はカバーに表示してあります。
万一、落丁・乱丁の場合は小社製作部宛お送り下さい。
送料小社負担でお取替え致します。

ISBN978-4-16-661411-0

◆日本の歴史

渋沢家三代　佐野眞一
古墳とヤマト政権　白石太一郎
昭和史の論点　坂本多加雄・秦郁彦・半藤一利・保阪正康
謎の大王 継体天皇　水谷千秋
謎の豪族 蘇我氏　水谷千秋
謎の渡来人 秦氏　水谷千秋
継体天皇と朝鮮半島の謎　水谷千秋
女たちの壬申の乱　水谷千秋
あの戦争になぜ負けたのか　半藤一利・保阪正康・中西輝政・戸高一成・福田和也・加藤陽子
日本のいちばん長い夏　半藤一利編
昭和陸海軍の失敗　半藤一利・秦郁彦・平間洋一・保阪正康・黒野耐・戸高一成・戸部良一・福田和也
昭和の名将と愚将　半藤一利・保阪正康
日本型リーダーはなぜ失敗するのか　半藤一利
「昭和天皇実録」の謎を解く　半藤一利・保阪正康・御厨貴・磯田道史
大人のための昭和史入門　半藤一利・船橋洋一・出口治明・水野和夫・佐藤優・保阪正康他
21世紀の戦争論　半藤一利・佐藤優

なぜ必敗の戦争を始めたのか　半藤一利
歴史探偵 忘れ残りの記　半藤一利
歴史探偵 昭和の教え　半藤一利
歴史探偵 開戦から終戦まで　半藤一利
十七歳の硫黄島　秋草鶴次
山県有朋　伊藤之雄
指揮官の決断　早坂隆
永田鉄山 昭和陸軍「運命の男」　早坂隆
ペリリュー玉砕　早坂隆
硫黄島 栗林中将の最期　梯久美子
日本人の誇り　藤原正彦
天皇陵の謎　矢澤高太郎
児玉誉士夫 巨魁の昭和史　有馬哲夫
江戸の貧民　塩見鮮一郎
火山で読み解く古事記の謎　蒲池明弘
邪馬台国は「朱の王国」だった　蒲池明弘
「馬」が動かした日本史　蒲池明弘
文部省の研究　辻田真佐憲

古関裕而の昭和史　辻田真佐憲
写真で見る 日めくり日米開戦・終戦　共同通信編集委員室
暴かれた伊達政宗「幕府転覆計画」　大泉光一
大日本史　山内昌之・佐藤優
日本史のツボ　本郷和人
承久の乱　本郷和人
権力の日本史　本郷和人
北条氏の時代　本郷和人
元号　所功・久禮旦雄・吉野健一
歴史の余白　浅見雅男
明治天皇はシャンパンがお好き　浅見雅男
皇位継承　高橋紘・所功
江戸のいちばん長い日　安藤優一郎
江戸の不動産　安藤優一郎
西郷隆盛と西南戦争を歩く　正亀賢司
姫君たちの明治維新　岩尾光代
日本史の新常識　文藝春秋編
秋篠宮家と小室家　文藝春秋編

◆文学・ことば

翻訳夜話　村上春樹・柴田元幸
翻訳夜話2 サリンジャー戦記　村上春樹・柴田元幸
漢字と日本人　高島俊男
語源でわかった！ 英単語記憶術　山並陞一
すごい言葉　晴山陽一
危うし！ 小学校英語　鳥飼玖美子
外交官の「うな重方式」英語勉強法　多賀敏行
名文どろぼう　竹内政明
「編集手帳」の文章術　竹内政明
ビブリオバトル　谷口忠大
新・百人一首　岡井 隆・馬場あき子・永田和宏・穂村 弘選
劇団四季メソッド「美しい日本語の話し方」　浅利慶太
芥川賞の謎を解く　鵜飼哲夫
ビジネスエリートの新論語　司馬遼太郎
オッペケペー節と明治　永嶺重敏
世界はジョークで出来ている　早坂 隆
一切なりゆき　樹木希林
天才の思考　鈴木敏夫
いま、幸せかい？　滝口悠生選
英語で味わう万葉集　ピーター・J・マクミラン
歎異抄 救いのことば　釈 徹宗
最後の人声天語　坪内祐三
教養脳　福田和也
明日あるまじく候　細川護熙
伊賀の人・松尾芭蕉　北村純一
ちょっと方向を変えてみる　辻 仁成
歴史・時代小説教室　安部龍太郎・門井慶喜・畠中 恵

◆経済と企業

金融工学、こんなに面白い　野口悠紀雄
リープフロッグ　野口悠紀雄
臆病者のための株入門　橘　玲
臆病者のための億万長者入門　橘　玲
熱湯経営　樋口武男
先の先を読め　樋口武男
就活って何だ　森　健
ビジネスパーソンのための契約の教科書　福井健策
ブラック企業　今野晴貴
ブラック企業2　今野晴貴
売る力　鈴木敏文
日本型モノづくりの敗北　湯之上隆
詐欺の帝王　溝口　敦
さらば！　サラリーマン　溝口　敦
トヨタ生産方式の逆襲　鈴村尚久
グローバリズムが世界を滅ぼす　エマニュエル・トッド　ハジュン・チャン　柴山桂太・中野剛志・藤井聡・堀茂樹

税金を払わない巨大企業　富岡幸雄
消費税が国を滅ぼす　富岡幸雄
あなたの隣のモンスター社員　石川弘子
安売り王一代　安田隆夫
働く女子の運命　濱口桂一郎
人工知能と経済の未来　井上智洋
「公益」資本主義　原　丈人
お祈りメール来た、日本死ね　海老原嗣生
ルポ　税金地獄　朝日新聞経済部
日本株式会社の顧問弁護士　児玉　博
自動車会社が消える日　井上久男
日産VS.ゴーン　井上久男
新貿易立国論　大泉啓一郎
世界史を変えた詐欺師たち　東谷　暁
日銀バブルが日本を蝕む　藤田知也
AIが変えるお金の未来　坂井隆之・宮川裕章＋毎日新聞フィンテック取材班
なぜ日本の会社は生産性が低いのか？　熊野英生
会社員が消える　大内伸哉

キャッシュレス国家　西村友作
農業新時代　川内イオ
農業フロンティア　川内イオ
総会屋とバブル　尾島正洋
最強の相続　荻原博子
吉本興業の約束　大崎　洋　坪田信貴
日本企業の復活力　伊丹敬之
グリーン・ジャイアント　森川　潤

◆世界の国と歴史

ローマ人への20の質問　塩野七生
歴史とはなにか　岡田英弘
常識の世界地図　21世紀研究会編
食の世界地図　21世紀研究会編
新・民族の世界地図　21世紀研究会編
カラー新版　地名の世界地図　21世紀研究会編
カラー新版　人名の世界地図　21世紀研究会編
フランス7つの謎　小田中直樹
一杯の紅茶の世界史　磯淵　猛
新約聖書Ⅰ　新共同訳　佐藤　優解説
新約聖書Ⅱ　新共同訳　佐藤　優解説
佐藤優の集中講義　民族問題　佐藤　優
池上彰の宗教がわかれば世界が見える　池上　彰
新・戦争論　池上　彰　佐藤　優
大世界史　池上　彰　佐藤　優
新・リーダー論　池上　彰　佐藤　優

独裁者プーチン　名越健郎
韓国併合への道　完全版　呉　善花
侮日論　呉　善花
韓国「反日民族主義」の奈落　呉　善花
イスラーム国の衝撃　池内　恵
「ドイツ帝国」が世界を破滅させる　エマニュエル・トッド　堀　茂樹訳
シャルリとは誰か？　エマニュエル・トッド　堀　茂樹訳
問題は英国ではない、EUなのだ　エマニュエル・トッド　堀　茂樹訳
中国4・0　エドワード・ルトワック　奥山真司訳
戦争にチャンスを与えよ　エドワード・ルトワック　奥山真司訳
日本4・0　エドワード・ルトワック　奥山真司訳
ラストエンペラー習近平　エドワード・ルトワック　奥山真司訳
21世紀　地政学入門　船橋洋一
地経学とは何か　船橋洋一
熱狂する「神の国」アメリカ　松本佐保
大学入試問題で読み解く「超」世界史・日本史　片山杜秀
ベートーヴェンを聴けば世界史がわかる　片山杜秀
戦争を始めるのは誰か　渡辺惣樹

第二次世界大戦　アメリカの敗北　渡辺惣樹
ルポ　絶望の韓国　牧野愛博
韓国を支配する「空気」の研究　牧野愛博
金正恩と金与正　牧野愛博
米中激突　陳　破空　山田智美訳
知立国家　イスラエル　米山伸郎
1918年最強ドイツ軍はなぜ敗れたのか　飯倉　章
「中国」という神話　楊　海英
独裁の中国現代史　楊　海英
ジェノサイド国家中国の真実　于田ケリム　楊　海英
人に話したくなる世界史　玉木俊明
16世紀「世界史」のはじまり　玉木俊明
トランプ　ロシアゲートの虚実　小川　聡　東　秀敏
世界史の新常識　文藝春秋編
ヘンリー王子とメーガン妃　亀甲博行
コロナ後の世界　ジャレド・ダイアモンド　ポール・クルーグマン　リンダ・グラットン　マックス・テグマーク　スティーブン・ピンカー　スコット・ギャロウェイ　大野和基編
コロナ後の未来　ユヴァル・ノア・ハラリ　カタリン・カリコ　ポール・ナース　リンダ・グラットン　リチャード・フロリダ　スコット・ギャロウェイ　イアン・ブレマー　大野和基編
パンデミックの文明論　ヤマザキマリ　中野信子

盗まれたエジプト文明　篠田航一
歴史を活かす力　出口治明
世界一ポップな国際ニュースの授業　藤原帰一　石田衣良
三国志入門　宮城谷昌光
悲劇の世界遺産　井出　明
シルクロードとローマ帝国の興亡　井上文則
いまさら聞けないキリスト教のおバカ質問　橋爪大三郎
プーチンと習近平　独裁者のサイバー戦争　山田敏弘

◆政治の世界

民主主義とは何なのか　長谷川三千子
司馬遼太郎　リーダーの条件　半藤一利・磯田道史　鴨下信一他
自滅するアメリカ帝国　伊藤　貫
新しい国へ　安倍晋三
日本に絶望している人のための政治入門　三浦瑠麗
あなたに伝えたい政治の話　三浦瑠麗
政治を選ぶ力　橋下　徹　三浦瑠麗
日本の分断　三浦瑠麗
国のために死ねるか　伊藤祐靖
田中角栄　最後のインタビュー　佐藤　修
日米同盟のリアリズム　小川和久
軍人が政治家になってはいけない本当の理由　廣中雅之
小泉進次郎と福田達夫　田﨑史郎
日本よ、完全自立を　石原慎太郎
内閣調査室秘録　志垣民郎　岸　俊光編
軍事と政治　日本の選択　細谷雄一編

兵器を買わされる日本　東京新聞社会部
地方議員は必要か　NHKスペシャル取材班
知事の真贋　片山善博
政治家の覚悟　菅　義偉
小林秀雄の政治学　中野剛志
枝野ビジョン　支え合う日本　枝野幸男
検証　安倍政権　アジア・パシフィック・イニシアティブ

文春新書

◆アジアの国と歴史

韓国併合への道 完全版　呉 善花
侮日論　呉 善花
韓国「反日民族主義」の奈落　呉 善花
ルポ 絶望の韓国　牧野愛博
韓国を支配する「空気」の研究　牧野愛博
金正恩と金与正　牧野愛博
「中国」という神話　楊 海英
独裁の中国現代史　楊 海英
ジェノサイド国家中国の真実　于田ケリム・楊 海英
劉備と諸葛亮　柿沼陽平
王室と不敬罪　岩佐淳士
キャッシュレス国家　西村友作
性と欲望の中国　安田峰俊
日本の海が盗まれる　山田吉彦
インドが変える世界地図　広瀬公巳
反日種族主義と日本人　久保田るり子
三国志入門　宮城谷昌光
ラストエンペラー習近平　エドワード・ルトワック 奥山真司訳
韓国エンタメはなぜ世界で成功したのか　菅野朋子

◆さまざまな人生

生きる悪知恵　西原理恵子
家族の悪知恵　西原理恵子
男性論 ECCE HOMO　ヤマザキマリ
それでもこの世は悪くなかった　佐藤愛子
僕たちが何者でもなかった頃の話をしよう　山中伸弥・羽生善治・是枝裕和・山極壽一・永田和宏
続・僕たちが何者でもなかった頃の話をしよう　池田理代子・平田オリザ・彬子女王・大隅良典・永田和宏
安楽死で死なせて下さい　橋田壽賀子
変節と愛国　浅海 保
一切なりゆき　樹木希林
天邪鬼のすすめ　下重暁子
さらば！ サラリーマン　溝口 敦
私の大往生　週刊文春編
昭和とわたし　澤地久枝
それでも、逃げない　三浦瑠麗・乙武洋匡
知の旅は終わらない　立花 隆
死なない時代の哲学　村上陽一郎

イライラしたら豆を買いなさい　林家木久扇
老いと学びの極意　武田鉄矢
在宅ひとり死のススメ　上野千鶴子
最後の人声天語　坪内祐三
なんで家族を続けるの？　内田也哉子・中野信子
百歳以前　徳岡孝夫・土井荘平
迷わない。完全版　櫻井よしこ
東大女子という生き方　秋山千佳

◆食の愉しみ

発酵食品礼讃　小泉武夫
毒草を食べてみた　植松　黎
中国茶図鑑　工藤佳治・俞　向紅　写真・丸山洋平
チーズ図鑑　文藝春秋編
食の世界地図　21世紀研究会編
一杯の紅茶の世界史　磯淵　猛
辰巳芳子　スープの手ほどき　和の部　辰巳芳子
辰巳芳子　スープの手ほどき　洋の部　辰巳芳子
新版　娘につたえる私の味　一月〜五月　辰巳浜子・辰巳芳子
新版　娘につたえる私の味　六月〜十二月　辰巳浜子・辰巳芳子
小林カツ代のお料理入門　小林カツ代
一生食べたい　カツ代流レシピ　小林カツ代・本田明子
フレンチの王道　井上　旭　神山典士・聞き手
日本のすごい食材　河﨑貴一
歴史の中のワイン　山本　博
農業新時代　川内イオ

農業フロンティア　川内イオ

◆考えるヒント

民主主義とは何なのか　長谷川三千子
寝ながら学べる構造主義　内田　樹
私家版・ユダヤ文化論　内田　樹
勝つための論文の書き方　鹿島　茂
成功術　時間の戦略　鎌田浩毅
世界がわかる理系の名著　鎌田浩毅
ぼくらの頭脳の鍛え方　立花　隆　佐藤　優
知的ヒントの見つけ方　立花　隆
立花隆の最終講義　立花　隆
日本人へ　リーダー篇　塩野七生
日本人へ　国家と歴史篇　塩野七生
日本人へ　危機からの脱出篇　塩野七生
逆襲される文明　日本人へⅣ　塩野七生
イエスの言葉　ケセン語訳　山浦玄嗣
聞く力　阿川佐和子
叱られる力　阿川佐和子

「強さ」とは何か。　宗　由貴・監修　鈴木義孝・構成
何のために働くのか　寺島実郎
女たちのサバイバル作戦　上野千鶴子
在宅ひとり死のススメ　上野千鶴子
サバイバル宗教論　佐藤　優
サバイバル組織術　佐藤　優
無名の人生　渡辺京二
生きる哲学　若松英輔
危機の神学　若松英輔　山本芳久
脳・戦争・ナショナリズム　中野剛志・中野信子・適菜　収
無敵の仕事術　加藤　崇
不平等との闘い　稲葉振一郎
70歳！　五木寛之　釈　徹宗
歎異抄　救いのことば　釈　徹宗
プロトコールとは何か　寺西千代子
珍樹図鑑　小山直彦
それでもこの世は悪くなかった　佐藤愛子
知らなきゃよかった　池上　彰　佐藤　優

知的再武装　60のヒント　池上　彰　佐藤　優
無敵の読解力　池上　彰　佐藤　優
死ねない時代の哲学　村上陽一郎
コロナ後の世界　ジャレド・ダイアモンド　ポール・クルーグマン　リンダ・グラットン　マックス・テグマーク　スティーブン・ピンカー　スコット・ギャロウェイ　大野和基編
コロナ後の未来　ユヴァル・ノア・ハラリ　カタリン・カリコ　ポール・ナース　リンダ・グラットン　リチャード・フロリダ　スコット・ギャロウェイ　イアン・ブレマー　大野和基編
スタンフォード式　お金と人材が集まる仕事術　西野精治
なんで家族を続けるの？　内田也哉子　中野信子
教養脳　福田和也
コロナ後を生きる逆転戦略　河合雅司
超空気支配社会　辻田真佐憲
明日あるまじく候　細川護熙
百歳以前　徳岡孝夫　土井荘平
老人支配国家　日本の危機　エマニュエル・トッド
迷わない。完全版　櫻井よしこ
いまさら聞けない　キリスト教のおバカ質問　橋爪大三郎
ちょっと方向を変えてみる　辻　仁成

◆教える・育てる

幼児教育と脳　澤口俊之
語源でわかった！英単語記憶術　山並陞一
外交官の「うな重方式」英語勉強法　多賀敏行
女子御三家　桜蔭・女子学院・雙葉の秘密　矢野耕平
男子御三家　麻布・開成・武蔵の真実　矢野耕平
僕たちが何者でもなかった頃の話をしよう　山中伸弥・羽生善治・是枝裕和・山極壽一・永田和宏
続・僕たちが何者でもなかった頃の話をしよう　池田理代子・平田オリザ・彬子女王・大隅良典・永田和宏
スマホ危機　親子の克服術　石川結貴

◆サイエンス

世界がわかる理系の名著　鎌田浩毅
「大発見」の思考法　山中伸弥・益川敏英
粘菌　偉大なる単細胞が人類を救う　中垣俊之
ねこの秘密　山根明弘
ティラノサウルスはすごい　小林快次監修・土屋健
アンドロイドは人間になれるか　石黒浩
マインド・コントロール　岡田尊司
サイコパス　中野信子
植物はなぜ薬を作るのか　斉藤和季
超能力微生物　小泉武夫
秋田犬　宮沢輝夫
フレディ・マーキュリーの恋　竹内久美子
猫脳がわかる！　今泉忠明
ウイルスVS人類　瀬名秀明・押谷仁・五箇公一・岡部信彦・河岡義裕・大曲貴夫・NHK取材班
がん治療革命　ウイルスでがんを治す　藤堂具紀
ゲノムに聞け　中村祐輔

(2022. 04) F　品切の節はご容赦下さい

文春新書のロングセラー

磯田道史
徳川家康　弱者の戦略
人質、信長との同盟、信玄との対決……次々に襲う試練から家康は何を学んで天下を取ったのか――。第一人者が語り尽くす「学ぶ人家康」

1389

エマニュエル・トッド　大野　舞訳
第三次世界大戦はもう始まっている
ウクライナを武装化してロシアと戦う米国によって、この危機は「世界大戦化」している。各国の思惑と誤算から戦争の帰趨を考える
1367

樹木希林
一切なりゆき
樹木希林のことば
二〇一八年、惜しくも世を去った名女優が語り尽くした生と死、家族、女と男……。ユーモアと洞察に満ちた希林流生き方のエッセンス
1194

牧田善二
糖質中毒
痩せられない本当の理由
どうして人は太ってしまい、またなぜ痩せられないのか。それは脳が糖質に侵された中毒だから。そこから脱却する最終的方法を伝授！
1349

堤　未果
ルポ　食が壊れる
私たちは何を食べさせられるのか？
人工肉からワクチンレタスまで、フードテックの裏側で何が起こっているのか？「食と農」の危機を暴き、未来への道筋を示す本
1385

文藝春秋刊